시와 물질
나희덕 시집

문학동네시인선 229 나희덕
시와 물질

시인의 말

사람은 걷고 말하고 생각하는 무기질인 동시에
멈추고 듣고 느끼는 유기체.

살아 숨쉬는 물질로서 사람은 무엇을 할 수 있을까.

온몸이 귀로 이루어진 존재가 되고 싶었다.
경청의 무릎으로 다가가
낯선 타자의 목소리를 듣고 싶었다.
지친 손과 발을 가만히 씻기고 싶었다.

타고난 자질이 아니라 길러진 열정으로서의 연민,
그 힘에 기대어 또 얼마간을 살고 썼다.

이 시집을 이루고 있는 모든 물질들에게 고마움을 전한다.

2025년 3월
나희덕

차례

시인의 말   005

1부 밤과 풀

세포들   012
거미불가사리   014
닭과 나   016
지렁이를 향해   018
진딧물의 맛   020
옥시토신   022
멸치들   024
누군가의 이빨 앞에서   026
슴새를 다시 만나다   028
밤과 풀   030
바람의 나귀   032
물의 눈동자가 움직일 때   034

2부 파편들

여섯번째 멸종	038
플라스틱 산호초	040
얼음 시계	042
아보카도	044
물의 국경선	046
물풀한계선	048
소리풍경	050
물구나무종에게	052
바다와 나비	054
파편들	056
깨진 창문들	058
무겁고 투명한	060
카즈베기에는 저녁이 오고	062

3부 피와 석유

시와 물질	066
피와 석유	068
역청이 있었다	071
조지 오웰의 장미	072
시인과 은행	074
샌드위치	076
광장의 재발견	078
존엄한 퇴거	081
강물이 요구하는 것	083
하미에 갔다	086
평화의 걸음걸이	088
머리카락 깃발	090
사과의 날	092

4부 산호와 버섯

세계 끝의 버섯 096
산호와 버섯 098
바람의 음악 100
유리창 너머 102
눈의 대지 104
눈 밟는 소리 106
오늘의 햇볕 108
이올란타 110
허공의 방 112
주머니를 만들기 위해서는 114
내 가장자리는 어디일까 117
이 숟가락으로는 118
손과 손으로 120

해설 | 가없는 휴머니즘 123
　　　 | 박동억(문학평론가)

1부
밤과 풀

세포들

린 마굴리스는 말했지
진화의 가지런한 가지는 없다고
가지런한 가지는 생명의 궤적이 아니라고

한 번도 질서정연한 적 없는 생명,
생명의 덩굴은 어디로 뻗어갈지 알 수 없어

그야말로 소용돌이

칼 세이건은 말했지
우리는 아주 오래전 별 부스러기들로 이루어졌다고
빅뱅에서 만들어진 수소와 헬륨,
그 원소들로부터 왔다고

우리 몸에는
인간 세포 수보다 박테리아 수가 훨씬 많다지

박테리아 덕분에 살아가는 나날

물론 우리와 평생 함께하는 세포는 없어
길어야 7년이면 사라지니까
그래도 세포가 깨끗이 재생된다면
인간은 190년 정도를 살 수 있다던데

근육과 혈관 속의 세포들은
매일 조금씩 사라지거나 생겨나는 중

대체 무엇을 나라고 부를 수 있을까

방금 어깨를 부딪치며 지나간 사람,
그를 돌아보는 동안에도 세포 몇 개가 사라졌겠지

진화는 세포들 사이의 사건,
우리가 생물학적으로 아름답고 복잡한 것은
박테리아와 미토콘드리아 덕분이라고 마굴리스는 말했지

진화의 가지런한 가지는 도무지 없다고

거미불가사리

눈도 없고
뇌도 없다

온몸으로 보고
온몸으로 느끼고
온몸으로 생각한다

깊은 바닷속에서도 알아차린다

포식자가 다가오는 것을
빛이 내려오거나 굴절되는 것을
심지어 그림자가 움직이는 것을

다섯 개의 팔과 천 개의 초미세 렌즈로
먹이나 피난처를 찾을 수 있고
날렵하게 도망칠 수 있다

팔이 뜯겨나가도
신음 대신 빛을 내뿜으며 재생되는 몸

  나는 절단된다, 고로 나는 존재한다

        나는 반응한다, 고로 나는 존재한다

나는 도망친다, 고로 나는 존재한다

    나는 나아간다, 고로 나는 존재한다

나는 재생된다, 고로 나는 존재한다

    나는 증식한다, 고로 나는 존재한다

        나는 얽혀 있다, 고로 나는 존재한다

나는 교신한다, 고로 나는 존재한다

    나는 회절한다, 고로 나는 존재한다

나는 변화한다, 고로 나는 존재한다

이제 눈으로 생각하고
뇌로 보는 법을 배우지 않으면 안 된다

거미불가사리처럼
거미도 불가사리도 아닌 어떤 극피동물처럼

닭과 나*

닭과 나는
털이 뽑힌 닭과 벌거벗은 나는

함께 앉아 같은 곳을 바라보고 있어요

오그라든 팔로도 만질 수 있는 세계가 있다는 듯
말라빠진 다리로도 걸어가고 싶은 곳이 있다는 듯

닭에게 두 날개가 있다면
나에겐 두 유방이 있지요

퇴화한 지 오래이거나
조금은 늘어지고 시들긴 했지만

날개와 유방은
우리를 잠시 떠오르게 할 수 있어요
시간을 견디고 기다리게 하는 힘이지요

닭과 나는

서로의 배경이 되어주고
서로의 손발이 되어주고
서로의 바닥이 되어주고

서로의 방주가 되어주고
서로의 뮤즈가 되어주고
서로의 비유가 되어주고

나의 머리가
점점 닭벼슬에 가까워져갈 때
닭의 목은
점점 나의 목처럼 굽어져가지만

닭과 나는

더이상 혼자가 아니에요
서로를 태우고 앉아 같은 곳을 보고 있어요

우리가 도착하게 될 그 먼 곳을

* 수나우라 테일러, 〈닭과 함께 있는 자화상〉(2012).

지렁이를 향해

소나기 지나고
햇빛 쏟아지는 오후

아스팔트 위에서 꿈틀거리는 지렁이 한 마리

길고 검붉은 몸,
어느 쪽이 머리이고 꼬리인지 알 수 없지만
그가 물기를 잃고 고통스러워하고 있음은 분명했다

아스팔트 위에서 말라가는 몸을 꿈틀거리는 것이
지렁이만은 아닌 듯도 해서
지렁이를 가까운 숲 그늘로 옮겨주었다

막대기 끝에서 버둥거리던 지렁이는
흙으로 돌아가자 조금 안심하는 것처럼 보였다

지렁이에게 지대한 관심을 가졌던 찰스 다윈은
지렁이의 몸이 분변토를 쌓아올리는 모습을 관찰하느라
그 가늘고 느린 몸을 따라다니며 몸을 숙였을 것이다

지렁이는 눈도 귀도 없지만
피부로 빛을 감지하고 진동을 느낀다는 것

잎사귀와 함께 진흙이나 돌을 즐겨 먹는다는 것

분변토 덕분에 식물이 싹을 틔울 수 있고
인간의 유물이 썩지 않고 보존될 수 있었다는 것

지렁이가 의도한 것은 아니지만
그 즉흥적 행위에서 지성을 읽어낸 것도 다윈이었다

지렁이를 향해 걸음을 멈출 수 없었던 사람

지렁이에게 빛과 어둠을 주고
음악을 들려주고 마침내 땅속까지 따라간 사람

내가 숲 그늘을 쉽게 떠나지 못한 것은
지렁이 때문이 아니라
지렁이를 향해 다가가던 사람의 마음 때문인지 모른다

진딧물의 맛

잎꾼개미나 고동털개미는 농사를 지어요

일개미가 가져온 나뭇잎을 씹어 죽처럼 만들고
거기에 균류를 심지요
여왕개미가 입속에 보관한 종균을
퇴비 위에 뱉어 버섯 농사를 짓는 거예요

개미는 전쟁도 처절하게 하지요

어느 한쪽이 무너져내릴 때까지 싸워요
꿀단지개미는 적을 생포해
노예로 부리거나 애벌레들에게 먹인다고 해요

개미는 다른 곤충을 기르기도 하지요

개미가 목이 마를 때마다 마시는
진딧물의 즙

개미가 더듬이로 진딧물을 자극하면
진딧물은 달콤한 즙을 내놓지요
개미는 무당벌레로부터 진딧물을 보호해주고요

공생은 서로 돕는 게 아니라

이용하고 착취하는 거라고 진화생물학자들은 말하지요
적은 비용으로 최대한 이득을 보도록
모든 생물종은 설계되었다고,
그들에게서 이타성을 읽어내는 것은
인간적인 생각이나 바람일 뿐이라고 말이지요

요즘 내가 궁금한 것은
진딧물의 맛

개미의 더듬이가 진딧물을 스칠 때
진딧물은 어떤 표정을 지으며 즙을 내뿜는지

과연 개미는 개미 자신을 위해서만
진딧물은 진딧물 자신을 위해서만 물기어린 손을 잡는지

그것을 사랑이라고 부를 수는 없는 것인지

옥시토신

육체적으로든 정신적으로든
젖은 젖어 있다

하지만 젖이 나오는 시기는 한정되어 있고
젖을 먹는 시기 또한 그리 길지 않다

포유류에게 젖이란 무엇인가

모성애의 다른 이름,
아주 조그마한 생명체가
어미로부터 힘껏 가져갈 수 있는 것,
희뿌연 액체로 이루어진 선물,
따뜻하고 부드러운 사랑의 호르몬,

어미가 가슴을 열어 젖을 물릴 때 분비되는
옥시토신이란 무엇인가

분만과 수유의 시절,
학교 양호실에서 불은 젖을 짜내며 울던 나날들,
먹이지 못한 젖은 배수구에 버려졌다

암소는 젖을 물려보지도 못하고 새끼를 빼앗긴다
오로지 인간이 먹을 우유 때문에

축사의 암소들은 스톨에 갇힌 채
금속으로 된 흡입 컵을 매달고 늘어서 있고

소젖을 먹고 자란 아이들은
할머니 할아버지가 되어서도 우유를 마신다

인간이라는
포유류에게 옥시토신이란 무엇인가

멸치들

부탁이 있어요
빛에 대해 써주세요
지금은 사라진 어떤 빛에 대해

제가 태어난 마을은 온산면 우봉리,
아버지는 멸치잡이 어부였지요
멸치잡이배가 들어오면
어른 아이 할 것 없이 포구로 나갔어요
어부들이 그물을 털기 시작하고
튀어오르던 멸치들이 후두둑 바닥에 떨어졌지요
어부들의 몸은 멸치의 살과 내장으로 범벅이 되었어요
은빛 가루가 함께 빛나고 있었지요
아버지의 얼굴도 은빛이었어요
멸치를 상자에 담아 차로 옮기고 나면
남은 건 아이들의 몫이었지요
우리는 통을 들고 한 줄로 서서 나아가며
바닥에 동전처럼 흩어진 멸치들을 주워 담았어요
우리의 얼굴도 은빛이 되었지요
우리가 멸치들과 그리 다른 존재가 아니라는 걸
그때는 잘 몰랐어요
그런데 화학 공장이 들어서기 시작한 후로
마을 사람들이 아프기 시작했어요
공장 때문이라는 걸 알았지만

집마다 공장에 다니는 사람이 있으니 말도 못했지요
바람이 불어올 때마다 숨을 쉬기가 어려웠어요
중금속에 오염된 사람들은
바닥에 파닥이던 멸치들처럼 시들어갔어요
결국 상자에 담긴 멸치들처럼
우리는 마을에서 멀리 떨어진 곳으로 이주했지요
열아홉 개의 마을이 그렇게 사라졌어요
아버지의 멸치잡이도 끝이 났어요
멸치들의 은빛도

이야기를 들려주던 그녀의 눈빛이 그렁거렸다
몸을 숙여 멸치를 줍고 있는 한 아이를 본 것도 같았다
비린내나는 손이 환했을 것이다

누군가의 이빨 앞에서

눈 덮인 산을 올라가다가
철컥, 발목이 덫에 걸린 적이 있어요
마을 사람이 산짐승을 잡으려고 놓은 덫이었지요

눈을 헤치고 간신히 덫을 풀긴 했지만
다친 발목에는 피가 흘렀어요
절뚝거리며 산을 내려오다가 문득 뒤돌아보니
눈 위의 발자국마다 피가 묻어 있었지요

그 후로 내 속에는
두렵고 상처 입은 짐승이 살아요

발 플럼우드는 악어에게 잡아먹힐 뻔했다고 해요*

우기의 강을 거슬러가던 그녀는
카누를 타고 혼자서 너무 멀리 가버렸어요
악어의 눈을 마주하고 나서야 그녀는 깨달았지요

자신의 몸이 육즙 가득한 고기라는 사실을

눈꺼풀 속에서 빛나는 금색 눈동자,
악어의 눈이 무엇을 말하는지 알아들을 수 있었어요
악어는 그녀의 몸뿐 아니라

인간에 대한 자만과 환영까지 덮쳐버렸지요

악어에게 세 번이나 물어뜯긴 대가로 플럼우드는
먹이 그 이상의 존재가 되었어요
먹이로서의 인간에 대해 깨닫게 되었으니까요

수없이 고기를 썰고 굽고 씹었지만
한 번도 생각해보지 못한 것
언제라도 다른 존재의 먹이가 될 수 있다는 것

누군가의 이빨 앞에서 떨고 있는 한 마리 짐승,
또는 한 덩이 고기가 되어

* 발 플럼우드, 『악어의 눈』(2023).

슴새를 다시 만나다

어느 날 오래된 종이에서 날아오른 시

시집에 넣지 않고 까마득히 잊어버렸던
슴새 한 마리

종각 지하도를 올라오는데
새 한 마리가 눈앞을 미끄러지듯 날아간 여름날의 기록

순간 나는 왜 슴새를 떠올렸을까
먼 남쪽 바다 구굴도나 사수도나 칠발도 같은
무인도에나 살고 있을 슴새를

대체 말이 되나, 종로2가에 나타난 슴새라니!

그 새를 슴새라고 부른 건
가슴의 가장자리가 떨어져나간 것 같아서였을까

새는 사라지고
가슴 한쪽을 베인 것처럼
종각 지하도 출구에 서 있었던 기억

나는 왜 그 시를 시집에 넣지 않았을까

솜새를 시집에 가두지 않고
구굴도나 사수도나 칠발도 같은 섬으로
날려보내고 싶어서였는지,
그러나 멀리 날아가지도 못하고
잿빛 먼지 속에서 알을 품고 있는 게 아닌지,
오늘에야 그런 생각에 솜새, 솜새, 솜새, 중얼거린다

밤과 풀

풀은 말한다

그곳에 균열이 있음을
콘크리트와 보도블록 아래 흙이 있음을
열악한 포장지가 찢기고 있음을

풀이 솟거나 번지거나 휘거나 엉키는 동안
도로의 균열은 더 깊어지고, 가로등 불빛 아래서도

풀은 자란다

밤에도 엽록체는 잠을 잘 수가 없다
전봇대나 가로등 아래서 풀이
굴착 작업을 하는 걸 누구도 알아차리지 못하지만

무단굴착 금지
특고압 전력케이블 매설

어느새 경고판을 넘어 풀은 뻗어간다
뿌리를 깊이 내리지 않는 지피식물에게는
기어이 기어서 가고 싶은 곳이 있다
덮고 싶은 것이 있다
할말이 있다

각주처럼 사족처럼 돋아나는 풀
포크레인의 날처럼 생긴 풀
칼날 하나 품고 자객처럼 숨어 있는 풀
검은 그림자를 길게 드리운 풀
밤에만 꽃잎을 여는 풀
아무도 먹지 않는 열매를 달고 있는 풀
자동차 바퀴에 뭉개져도 다시 일어나는 풀
갑자기 쏟아지는 빗방울에 화들짝 놀라는 풀
지나는 발들을 향해 말을 걸어오는 풀
독 빠진 뱀처럼 기어가는 풀

밤과 발과 뱀과 풀은 나아가고 있다
태양 없이도

발람의 나귀*

발람이여,
나는 당신의 오랜 나귀가 아닙니까

위험한 길을 세 번이나 돌이켜주었는데도
어찌 나를 지팡이로 때리십니까

저 죽음의 천사가 보이지 않습니까

내가 본 것을
당신은 보지 못한다는 말입니까
오죽하면
나귀가 입을 열어 인간의 말을 하겠습니까

당신의 마음은 이미

모압에 있는데
모압 왕 발락의 재물에 있는데

발람과 발락은 이리도 가까이 있는데

나귀의 말 따위가
어찌 당신을 붙잡을 수 있겠습니까

그러나 지팡이를 내리쳐도
발람이여, 나는 어디로도 가지 않겠습니다

발람과 발락 사이에서

* 민수기 22장.

물의 눈동자가 움직일 때

삼천 년 전쯤 투명한 수정 속에
한 방울의 물이 갇혔다

이 수정은 아타카마 사막에서 발견되었다

시간이라는 얼음 속에 잠들어 있던
한 방울의 물

빙하에 갇힌 기분이었을까
아니, 잘 보존되어 있었다고 말해야 할까

손으로 수정을 들어올리자
그 속의 물방울이 움직이기 시작한다
투명한 수정 바깥을 두리번거린다

물방울은 삼천 년 전의 세계를 기억하고 있을까

칠레 남쪽 파타고니아 원주민은
바다를 가족처럼 여기던 물의 유목민이었다
사람이 죽으면 별이 된다고 믿었고
조상들과 교감하려고 몸에 별을 그렸다

물의 유목민들은 사라진 지 이미 오래

아타카마 사막의 수정만이
그 까마득한 역사를 간직하고 있을 뿐

지구에서 별이 가장 잘 보이는 곳이자
가장 건조한 사막에서 온
물방울 화석

온몸이 눈동자인 물방울이 움직이기 시작한다

2부
파편들

— **여섯번째 멸종**

— 이미 다섯 번의 대멸종이 있었다

　　오르도비스기-실루리아기 멸종
　　데본기 말기 멸종
　　페름기-트라이아스기 멸종
　　트라이아스기-쥐라기 멸종
　　백악기-팔레오기 멸종

　　38억 년 중
　　이제 한 줌밖에 남지 않은 시간 속에서
　　여섯번째 멸종이 진행중이다

　　모든 것이 사라진 상황을
　　목격하고 증언할 존재가 없으니 그만 아닌가
　　한 번도 만난 적 없는 생물종이
　　멸종하든 멸종하지 않든 알 수 없긴 마찬가지 아닌가
　　이렇게 말하는 사람들도 있지만

　　살아가는 동안에는 살고
　　죽을 때가 되어서는 죽는 것을 받아들여야겠지만
　　인간 없는 세상은 차라리 평화로울 수 있다고
　　마음을 내려놓을 수도 있지만

—

멸종 위기 동식물의 모습을 기록하고
댐이나 공항을 막으려고 싸우는 사람들이 있고
기후 위기를 알리려고 빙하 위에서
수백 명이 나체로 단체 사진을 찍기도 하고
얼음 속에 구멍을 내고 귀를 기울이는 사람들이 있고

빙하수 소리를 녹음하며 그들은 말한다
녹는 물마다 각기 다른 온도와 리듬이 있다고

물 한 방울 속에서 빠르게 녹아가는 시간

얼음 위에 엎드린 벌거벗은 몸처럼
우리는 여섯번째 멸종의 취약한 목격자들

플라스틱 산호초*

아주 가볍고 단단하고 질기고 반짝이고 게다가 값이 싼
새로운 물질에 인류는 열광했지

눈비에도 새지 않고 썩지도 않는 이 화합물에
녹을지언정 쉽게 부서지지 않는

땅속에바닷속에공기속에벽속에박힌인터넷케이블
물을보내고저장하고걸러내는PVC관
나일론염화비닐아크릴플리스섬유자일로나이트
폴리에스테르폴리우레탄폴리에틸렌폴리스티렌폴리카보
네이트

우리는 플라스틱 중독자

앤디 워홀은 플라스틱을 사랑한다고 플라스틱이 되고 싶
다고 했지

다양한 폴리머들로 온몸을 감싼 채 걸어가는
우리는 플라스틱-인간

깊은 바닷속의 산호초도 미세 플라스틱을 삼키고
창백해져가고 있어 죽어가고 있어

산호초를 애도하기 위해
누군가는 바다 쓰레기를 녹여 플라스틱 산호초를 만들고
누군가는 모여 앉아 실로 산호초를 짜고
누군가는 플라스틱 만다라를 그리지
바다에서 벌어지고 있는 어떤 죽음을 알리기 위해

어쩌면 바다를 애도하기 위해 산호초들이
흰 옷을 입고 있는지도 몰라

점점 뜨거워지는 바다 속에서
산호초는 백색 플라스틱 화합물이 되어가고
점점 뜨거워지는 대기 속에서
인간은 색색의 플라스틱 화합물이 되어가고

결국 플라스틱 지층으로 발굴될 우리의 세기, 제기랄
썩지도 않고 불멸할

* 마텐 반덴 아인드의 설치작품 〈플라스틱 산호초〉(2008~2013).

얼음 시계

아이슬란드에서 실려온 열두 개의 빙하 조각들이
파리 팡테옹 광장에 부려졌다*

지구가 뜨거워지고 있음을 알려주는
희고 차가운 시계

빙하가 사라지는 모습을 보기 위해 굳이
극지방까지 갈 필요는 없다고
탄소 발자국 걱정 없이 누구나 빙하를 만질 수 있다고
이걸 보며 녹아내리는 북극을 생각하자고
작가는 제빙차에 빙하 조각들을 실어와 전시를 시작했다
그는 기자들 앞에서 이렇게 말했다

만오천 년 전의 공기가 당신을 만나러 파리까지 여행을 왔습니다.
기후 위기에 대해 직접 들려주려고 말이지요.

그는 사람들이 경건하게 두 손이라도 모으길 기대했을까

관람객들은 빙하 조각을 손으로 두드리고 발로 차고 칼로 긁었다 막대기로 이름을 새기고 그림을 그리기도 했다 삼삼오오 사진을 찍고 얼음을 핥아먹으며 웃었다 아이들은 숨바꼭질을 하거나 그 위에 올라타려고 했다 눈물을 흘리거나

기도를 하는 사람은 없었다 원산지를 밝히지 않는다면 빙하
는 평범한 얼음덩어리와 다를 바 없었다

  도시로 끌려온 열두 명의 설인,
  누구도 그들의 울음소리를 듣지 못하는 것 같았다

  부서진 얼음 시계는 더 빠르게 녹아내렸다
  바늘도 눈금도 없이

  빙하 녹은 물로 광장은 흥건해졌지만
  물 위에 비친 자신의 모습을 바라보는 사람은 없었다

  파리의 하수구로 흘러든 빙하는
  곧 잊히고 광장은 푸석푸석한 얼굴로 돌아갔다
  몇 개의 얼룩이 희미하게 남았을 뿐

* 올라퍼 엘리아슨과 미닉 로싱의 설치작품 〈얼음 시계〉(2014).

아보카도

식탁 위에는
아보카도가 며칠째 놓여 있다
반짝이는 초록빛 껍질이
검은빛이 될 때까지 기다려야 한다

적도 위에 선을 긋듯이
칼을 갖다대지만 아직 잘 들어가지 않는다

과카몰리를 만들기 위해서는
아보카도와 토마토와 양파와 라임과 후추가 필요하다

아보카도의 원산지는 페루
토마토의 원산지는 평택
양파의 원산지는 무안
라임의 원산지는 미국 플로리다
후추의 원산지는 인도네시아

이 모든 걸 슈퍼마켓에서 구할 수 있다니!

플로리다의 탬파에서 생산된 인산비료로 아르헨티나에서 콩을 재배하고, 그 콩은 사료와 기름으로 가공된다. 사료는 태국으로 보내져 닭의 사료로 사용되고, 그 닭은 가공·포장되어 일본이나 유럽의 슈퍼마켓으로 보내진다.*

전 세계에서 온 상품들이 차곡차곡 진열된 슈퍼마켓은
늘 붐비지만 대체로 평화로워

바코드 찍는 소리가 음악처럼 울려퍼지고
팔리지 않은 야채나 과일이 한쪽에서 썩기 시작하고
수입 맥주 네 캔을 만원에 팔고
중국산 고사리는 국산 고사리의 반값이고
아보카도는 특별세일중이고

과카몰리를 만들려는데
어찌하나, 아보카도가 익으려면 멀었으니
너무 멀리서 온 아보카도는 대체 언제나 익으려나

* 가비노 김, 『동시대 미술의 파스카』(2021).

물의 국경선

세계의 물이
점점 빨리 돌고 있다

담수가 북쪽으로 올라가면서
열대와 아열대의 물이 마르고 있다

남반구의 물이
북반구를 향해 속수무책 빨려들어가고

마지막 빗방울을 본 것이 언제였을까

전쟁이 난 것도 아닌데
북쪽으로 북쪽으로 물을 찾아 이동하는 난민들

국경에 줄을 서서
고무호스 속으로 빨려들어가기만 기다리고 있다

그러나 국경은 얼음처럼 단단하다

빗방울은 떨어지지 않고
마른 돌멩이들만
울퉁불퉁한 기념비처럼 쌓여 있다

아주 멀리서 빙하가 속수무책 무너져내리고

세계의 물이
더 빨리 돌기 시작하고
담수한계선이 북상하고 있다

물풀한계선처럼
수목한계선처럼

지도 위에는 매일 새로운 물의 국경선이 그어진다

물풀한계선

수목한계선은
높고 추운 곳에 그어지지만

물풀에게는
낮은 수면이 그 경계다

휘어져 흐르더라도
물 위로는 결코 웃자라는 법이 없는

바닥에 뿌리내렸지만
몇 해째 나이테를 남기지 않는

참을성 많은 연체동물처럼 부드럽게 움직이는
뼈보다는 지느러미나 촉수를 가지게 된

하늘 없이도 하늘하늘거리며
유영의 자유를 즐기는

물풀들

흐린 물속에서도 흐려지지 않는
물풀한계선

그 線을 넘어 자라지 않는
물풀의 善

소리풍경

네바다 산맥에서 녹음한 소리풍경은
사람의 심전도 같고
점묘로 그린 추상화 같기도 해

숲의 주파수 그래프는 아주 풍성했지만
벌목 작업이 끝난 1년 후에는
산메추라기, 갈색머리멧새, 흰정수리북미참새, 붉은관상
모솔새 들의 울음소리가 사라져버렸지
목초지에 살던 곤충들의 자욱한 울음소리도 사라지고
개울물소리와 나무를 쪼는 딱따구리 소리만 남아 있을 뿐

때로는 눈으로 숲을 보는 것보다
사진으로 찍는 것보다
소리를 녹음한 풍경이 숲에 대해 더 많은 걸 들려주지

눈에는 보이지 않는 풍경의 깊이 같은 것

버니 크라우스는 세계의 소리를 낚는 어부,*
산호초 소리를 녹음하러 멀리 피지 섬에 가기도 했어
산호초 주변을 들락거리는 말미잘, 비늘돔, 열동가리돔,
흰동가리, 놀래기, 복어, 넓적퉁돔, 나비고기, 노랑촉수 들
로 빽빽한 소리의 숲을 만났지

그러나 하얗게 죽어가는 산호초 주변에서는 적막한 파도소리만 들릴 뿐

자연의 노래라기보다는 비명에 가까운,
더이상 화음이라고 말할 수 없는 불협화음의 세계

그가 녹음한 소리풍경은 말해주지
우리가 무엇을 잃어버렸는지, 잃어가는지, 잃어버릴 것인지

* 버니 크라우스, 『자연의 노래를 들어라』(2013).

물구나무종에게*

미안해요, 물구나무종이 되기에는
몸이 너무 무거워졌어요

머리에 피가 쏠리는 걸 견디기 어렵고
팔목은 발목보다 훨씬 취약해요
두 팔을 땅에 대고 한 걸음도 나아갈 수가 없어요

직립보행의 나날이 너무 길었나봐요

물구나무종, 당신은
손으로 걸어다니는 새로운 인류

땅을 향해 머리를 두고
나무들 사이에서 오래오래 물구나무서 있는 사람

손바닥에서 뻗어나온 실뿌리들이
땅속으로 뻗어갈 때
당신의 발끝에선 연녹색 잎이 돋아날 것만 같아요

그러나 땅도 안전하진 않지요
당신은 기계들이 파놓은 구멍들을 곧 만날 거예요
검은 먼지와 열기가 뿜어져나오는 구멍들을
몇 층으로 교차하는 지하의 터널들을

굉음을 삼키는 굉음
냄새를 삼키는 냄새
어둠을 삼키는 어둠
비명을 삼키는 비명

갑자기 당신이 걱정되기 시작했어요
물 위의 나무처럼 깊고 고요할 수 없다는 생각에
나는 당신을 찾아 나서려 했어요

나뭇가지들 사이로 희미하게 보이는 당신의 두 발을

* 염지혜, 〈물구나무종 선언〉(2021).

바다와 나비

해변에서 거센 바람을 맞으며 떠올렸다
온갖 난파된 것들을

이민자들을 싣고 오던 배가
케이프코드 해변에서 자주 난파되었다고 한다

새로운 대륙에 닿기 직전
더 새롭고 알 수 없는 세계로 떠나버린 그들은
삶 속으로 다시 돌아오지 못했다

난파된 것들을 토해내는 해변에서
사람들은 여느 때처럼 산책을 즐겼고
쓸 만한 잔해물과 해초를 부지런히 수레에 실어날랐다
익사한 시체들에 대한 처리는 신속하게 이루어졌다

그 후로도 절벽이 계속 침식되어
위태로워진 등대는 내륙 안쪽으로 옮겨졌다
그러나 몇십 년 지나지 않아 더 안쪽으로 옮겨져야 했다

등대지기의 일지에는 이렇게 적혀 있었다

등대 전체가 줄줄 샌다.
모든 게 열악한 상태다.

등대의 상태와 지나가는 배의 숫자,
그날그날의 날씨,
이따금 난파나 사고를 알리는 기록도 있었다

어느 날의 일지에는
날개가 접힌 채 잘 마른 나비가 들어 있었다고 한다

1883년의 나비라니,
끝도 없는 파랑이 두려워 여기로 숨어든 것일까
등대지기가 잡아서 넣어둔 것일까
나비의 두려움도 등대지기의 고독도 만져질 듯한데

까마득한 시간의 해변으로 문득 떠내려온 나비 한 마리

난파된 영혼 하나가 숨을 고르고 있다
자리를 두 번이나 옮긴 등대 울타리 위에서

파편들

지진과 쓰나미,
또는 태풍과 홍수가 지나고

정리되지도 폐기되지도 않은 채
파편들은 흩어져 있다
고요만이 신의 남은 손길처럼 내려와 있을 뿐

모든 것이 부서진 이후,
이전의 풍경을 기억해내기란 쉽지 않다

부서진 벽의 흙탕물자국이 재난의 수위를 기억할 뿐

하류를 향해 일제히 몸을 낮추고
쓰러진 풀들,
그래도 아직 뿌리 뽑히지 않은 게 있구나

파편들은 우두커니 하늘을 보다가
어디선가 들려오는 라디오 소리에 귀를 기울인다

재난 방송은 지금도 계속되고 있는지

이따금 새들이 날아든다
방주로 돌아온 새처럼 잎사귀를 물고 온 건 아니지만

고요를 깨뜨리는 손님으로 나쁘지 않다

부서진 벽과 지붕 위를 종종거리다가
더 멀리 날아가는 새들

진흙과 핏기 묻은 햇살이 파편들마다 박혀 있다

깨진 창문들

깨진 창문들을 지나왔다

꺼진 눈동자
날카롭게 금이 간 얼굴

창문 너머의 어둠을 알려주는,
찢긴 벽지와 부서진 가구와 무너져내린 천장을
전시하기 위해 만들어진 검은 눈동자

하나의 창문이 깨지면
다른 창문들도 깨지고 말 것이라는 이론을 증명하듯
재개발구역에는 빈집이 하루하루 늘어간다
창문들은 깨짐으로써
고립에서 벗어난 것처럼 보인다
깨진 창문들 덕분에 철거는 순조롭게 진행되었다

〈접근 금지〉라는 경고문 아래
용의주도하게 만들어진 무질서가 자리잡은 곳

주택과 상가, 심지어
붉은 벽돌로 지은 교회의 창문까지도
일사불란하게 깨져 있다
죽음의 눈동자를 박아넣기라도 한 것처럼

누군가 던진 돌 때문에

그곳은 더 위험해졌고 고요해졌고
마침내 아무도 들어가지 않는 구역이 되었다

이제 내부와 외부의 구별이 사라진 집은
텅 빈 눈동자로 행인을 바라본다

지하철역에 가려면 깨진 창문들을 지나야 한다

무겁고 투명한

새는 바위에 앉아 있다
날개보다 무거운 것은 없다는 듯이

날아오르라고,
어서 날아오르라고,
외치는 동안 나는 점점 무거워지고
새는 점점 투명해진다

내가 너무 무거워서 투명해진 새는
며칠째 바위에 앉아 있다

누가 새를 점화시켜줄 것인가

부싯돌처럼
바위를 쪼개며 날아오르기를 기다리는데

새는 미동도 없다

아니다,
새는 날고 있다
날개가 있다는 것조차 잊은 채
발톱으로 바위를 움켜쥔 채

새는 날고 있다
내 어두운 뼛속의 먼 하늘을

카즈베기에는 저녁이 오고

눈 덮인 카즈베기 산정,
프로메테우스가 인간에게 불을 전해준 곳

위대한 도둑질의 대가로 바위에 묶인 채
날마다 되살아나는 간을 독수리에게 쪼아 먹히던 곳

이제 제우스도 프로메테우스도 독수리도 보이지 않는다

바위만 남아 조금씩 자라났다
프로메테우스의 간처럼
이따금 새들이 날아와 바위를 쪼다 날아갈 뿐

카즈베기에는 저녁이 오고
회양목 안에 숨겨진 불이 하나둘 켜지고

오래전 판도라의 상자에서 흘러나왔던
질병과 고통, 불행과 가난, 전쟁과 폭력이
계곡 아래 퍼져가고

신들은 사라지지 않았다
잊힘으로써 버려진 것이다

버려진 신들은 어디서 살고 있을까

성스러운 한밤에
이 나라에서 저 나라로 나아가는
바쿠스의 성스러운 사제*처럼 기다려보지만
이따금 차오르는 빛의 기운을 느끼기도 하지만

신들은 끝내 돌아오지 않는다
계곡 아래 희미한 불빛들만 위태롭게 깜박일 뿐

---

* 프리드리히 횔덜린, 「빵과 포도주」.

3부

피와 석유

시와 물질

로알드 호프만은 화학자이자 시인이었다

그의 규칙을 적용한 물질에는
몇 가지 폭발물과 독극물도 포함되어 있었다
아무도 생각해보지 못한 물질들이었다

그 책임을 묻는 질문에 호프만은 대답했다

세상에 태어나지 말았어야 할 물질은 없습니다
게다가 나는 그 물질들의 특허권을 갖고 있지 않고
그 결과로 돈을 벌지도 못했어요
어떤 물질이 위험하다고
그것을 발견한 책임을 과학자 개인이 져야 할까요?

우리의 발견은
물질들의 새로운 연관성을 보여주었을 뿐입니다

우리의 발견은
수십만 명의 과학자가 함께 맞추며 찾아가는
거대한 퍼즐 속의 일부일 뿐입니다

심지어 시도 사람을 해칠 수 있어요*

슈테판 클라인과 로알드 호프만의 대화를 읽다가
이 문장에 오래 멈춰 있다

헤모글로빈 분자에서 아름다움을 읽어낸 호프만에게
시란 어떤 것이었을까

시와 물질,
또는 시라는 물질에 대해 생각한다

한 편의 시가
폭발물도 독극물도 되지 못하는 세상에서
수많은 시가 태어나도 달라지지 않는 이 세상에서

* 슈테판 클라인, 『우리는 모두 별이 남긴 먼지입니다』(2014).

피와 석유

석유는 악마의 배설물이라고
후안 파블로 페레즈 알폰소는 말했다

베네수엘라의 광업개발부 장관이었던 그는
OPEC의 설립을 주도했지만
석유가 부정부패와 갈등의 강력한 매개체라는 걸
누구보다 잘 알고 있었던 듯하다

록펠러는 자신의 석유를 더 많이 팔기 위해
램프와 난로를 아주 싸게 팔았다

그들에게 가장 큰 위험은 석유 소비가 줄어드는 것,
매일 1억 배럴의 석유가 세계로 팔려나간다

뚫고 또 뚫어라!

기후 위기 따위는 문제가 아니라는 듯
점토와 암반에 파이프라인을 박아대는 시추탑과
데이터 센터로 전송되는 데이터들,
지구는 구멍이 숭숭 뚫린 채 갈기갈기 찢기고 있다

땅속에서 쉬지 않고 뽑아올리는 이 죽음의 주스를
한 번도 마시지 않은 사람이 있을까

죽은 유기체들로부터 나온
이 화석연료는 굴뚝과 배기구를 통해 승천하며
지구를 가장 빠르게 죽게 할 것이다

석유와 가스는
전쟁과 함께 수출되기도 하고
전쟁으로 공급이 장기간 중단되기도 한다

원윳값도 가스값도 치솟는 겨울,
발트해를 지나는 천연가스 파이프라인을 떠올린다

그들은 말한다
석유나 가스에도 정신이 있다고,
고갈과 종말에 대한 공포를 가르치는 대신
새로운 신을 섬기게 하고
타오르는 불꽃의 아름다움을 알게 해야 한다고

피처럼 붉게
피보다 붉게
마침내 피로 붉게

세상을 물들이는 자들이여,

― 더이상 석유를 위해 피를 흘리지 말라

피는 붉고 석유는 검지만
피와 석유는
포르피린이라는 같은 혈통을 지녔다

역청이 있었다

아주 오래되고 이국적인 물질,
이상하게도 어릴 때부터 역청이라는 말에 끌렸다

네안데르탈인이 만든 석기에
이집트인이 만든 미라에
노아가 만든 방주에
노아의 후손들이 쌓아올린 바벨탑에
아기 모세를 태운 갈대바구니에
신전의 돌과 돌, 벽돌과 벽돌 사이에

역청이 있었다

접착제이자 방부제이자 방수제로서

차라투스트라는 자신의 무거운 운명을
역청에 비유하기도 했다

아무리 벗어나려고 해도 벗어날 수 없는 검고 끈적한 액체

그런데 언제부터일까
세계가 아스팔트라는 역청으로 뒤덮이기 시작한 것은

조지 오웰의 장미*

그는 잘 알고 있었다
자연이 얼마나 정치적인 것인지

폭격당한 땅 위에 피어난 분홍빛 장미처럼
총탄 맞은 나무에 달린 버찌처럼
죽은 병사의 가슴에 누군가 놓아둔 라일락 한 다발처럼
폐허를 걸어가는 농부의 귓바퀴에 꽂힌 들꽃처럼

그래서 그는 썼다

밀랍 같은 병사의 얼굴과 보랏빛 라일락,
전쟁과 봄이 선명한 대비를 이루는 풍경에 대해
전쟁과 죽음을 넘어선 그 힘에 대해

그는 또한 알고 있었다

정치인의 말과 행동이
오소리나 왜가리의 습성과 크게 다를 바 없다는 것을
정치와 정원이 얼마나 멀리 있는지를
정치의 동물성과 정원의 식물성을

그래서 그는 심었다

꽃처럼 덧없는 존재로서
장미 몇 그루를
6펜스짜리 도로시 퍼킨스, 폴리앤서, 알버틴을

자유란
빵과 장미를 모든 사람이 가지게 되는 것

다행히 그가 심은 장미들은
오래 살아남았다
붉거나 노란, 또는 분홍의 장미들은

* 리베카 솔닛, 『오웰의 장미』(2022).

시인과 은행

시인은 은행에 가는 걸 좋아하지 않지만
그래도 자주 가야 한다

은행빚을 갚아온 삼십 년 동안
대출 담당자 앞에 앉을 때마다 느껴야 했던 감정들,
끝없이 비워내야 했던 생각들,
빚을 갚기 위해 거리에 쏟아부은 시간들,
열차와 버스와 지하철을 타고 종종거리던 날들,

은행 금고에는
저당잡힌 감정과 생각과 시간 들로 가득할 것이다
물론 미래의 시간도 거기 갇혀 있을 것이다

시인은 이따금 환전하러 가기도 한다
빚이 남아 있다고 해서
해외여행이나 출장을 포기하지는 않는다
환전해주는 돈은 왜 늘 새것일까,
빳빳한 달러화를 받아들고
시인은 달러화가 어디서 와서 어디로 가는지
잠시 헤아려보지만 알 도리가 없다

자신이 곧 국경을 넘어
돈을 물어나르는 매개가 되리라는 것밖에는

시인은 은행을 나와
낙엽이 뒹구는 거리를 걷는다
낙엽을 폴란드 망명정부의 지폐라고 했던 시도 있었지
낙엽들 사이로 은행알이 지뢰처럼 숨어 있고

시인은 천천히 걷고 있다

터진 은행알을 밟지 않으려 애쓰면서
은행에 저당잡힌 감정과 생각과 시간을 떠올리면서
그러나 정작 은행에 대해서는
시 한 편 쓰지 못했다고 중얼거리면서

샌드위치

2022년 10월 15일 토요일
서울역 2층 파리크라상에서 샌드위치를 샀다
기차에서 맛있게 먹으면서도 몰랐다

그날 새벽, 한 노동자가 샌드위치 소스 교반기 속으로
상반신이 빨려들어가 숨졌다는 것을

뉴스를 보고서야 알았다
이십대 노동자의 사망 원인은 질식사,
사망 현장에서 생산한 샌드위치 사만여 개가 모두 유통되었다는 것을

내가 먹은 샌드위치도 그중 하나였을까?

가능성은 희박하지만
피 묻은 샌드위치를 삼켰을지도 모른다는 생각

바로 다음날 공장측은
사고 난 교반기를 흰 천으로 덮어두고 작업 재개를 지시했다

동료가 죽은 기계 옆에서
재료를 쏟아붓고 교반기를 돌려야 했던 노동자들,

일주일 후에는 같은 계열사 제빵 공장에서
한 노동자가 컨베이어 벨트 위로 지나간 불량품을 빼내려다가
기계에 손가락이 절단되는 사고를 당했다

이젠 샌드위치를 먹지 못할 것 같다

빵을 굽고 야채를 씻고 햄을 썰고 소스를 만드는 손들이 떠올라
교반기 앞에 종일 서 있을 사람의 모습이 떠올라
교반기 속으로 빨려들어간 몸이 떠올라

그러나 지금도 공장은 돌아가고 교반기는 돌아가고 컨베이어 벨트는 돌아가고 새벽에도 작업조는 돌아가고

사람을 삼킨 교반기 속의 어둠에도 불구하고
자본주의 소스가 되어버린 노동자의 죽음에도 불구하고

광장의 재발견

1
광장에서 공원으로, 다시 광장으로
여의도는 재발견되었다

계엄과 탄핵의 나날 속에서
새벽에 국회의사당으로 달려간 시민들에 의해서
추위를 뚫고 걸어서 대교를 건넌 발길들에 의해서
여의도는 더이상 섬이 아니게 되었다
잃어버린 광장의 기억이 조금씩 되살아나기 시작했다

2
여의도 광장이 원래 5·16 광장이었다는 사실을
아는 사람은 이제 많지 않다
여의도(汝矣島), 너나 가지라는 모래섬에
거대한 아스팔트 광장을 건설한 것은
국가권력과 군사력의 위용을 과시하기 위해서였다
1971년 국군의 날 행사에는 30만 명의 관람객이 모였고
1973년 빌리 그레이엄 목사의 전도 집회를 계기로
기독교의 부활절 연합 예배가 매년 열렸고
1976년부터는 불교계의 초파일 연등 행사가 매년 열렸다
1984년에는 한국 천주교회 200주년 기념 대회가 열리기도 했다

박정희에서 전두환으로 넘어오면서
5·16 광장은 여의도 광장으로 이름만 바뀌었을 뿐
국풍'81이나 이산가족 찾기 같은 관제 행사의 무대였다

3
광장의 정치가 시작된 것은 1987년부터였다
대통령선거 유세도 전국농민결의대회도 전국교사대회도
한국노동자대회도 전국철거민결의대회도
국회의사당이 보이는 여의도 광장에서 열렸다
여의도 광장에 시민공원이 조성되면서
광장의 정치는 시청과 광화문으로 옮겨가게 되었다
숲 사이로 난 산책로, 수련이 피어 있는 연못,
자연생태교실, 열기구를 타는 서울달도 문을 열었다
점심 먹고 공원을 산책하는 회사원들이나
자전거를 타고 달리는 아이들,
공원의 평화 속에서 광장의 기억은 희미해져갔다

4
2024년 12월 3일 비상계엄이 선포되던 날
TV 앞에서 밤을 꼬박 새우고
다음날 아침 강의실에서 학생들을 만났다
다행히 계엄령은 몇 시간 만에 해제되었지만
모두들 충혈된 눈으로 두려움과 분노에 휩싸여 있었다

수업을 마치고 여의도로 달려갔다
인파를 헤치고 서둘러 깃발을 찾아가다가
도로 경계석에 발을 헛디뎌 바닥에 나뒹굴고 말았다
누워서 꼼짝도 못하는 내 몸을 경찰들이 일으켜주었다
부축을 받으며 뒷골목에서 구급차를 기다리는 동안
통증과 오한이 심해진 나에게
경찰은 제복 안쪽에서 무언가를 꺼내서 건넸다
아직 온기가 남아 있는 핫팩이었다
아들보다도 어린 그의 눈에는 미안함이 가득했다
여의도에서의 또다른 발견이었다

5
정치는 길을 잃고
나는 발을 헛딛고
말과 입김은 무성하게 흩어졌지만

오래 잠들어 있던 여의도는 목소리들에 의해 깨어났다
공원은 다시 광장이 되었다

존엄한 퇴거

2014년 10월 29일
기초생활수급자였던 최씨는
서울 장안동 다세대주택에서 숨을 거둔 채 발견되었다*

10월 말까지 집을 비워달라는 주인의 요청에
그는 퇴거신고를 하고 스스로 68년의 삶을 정리했다
함께 살던 어머니는 지난 3월에 돌아가셨고
그를 거둘 가족은 아무도 없었다

'28일 이사, 29일 가스'라는 메모가 적힌 달력,
마지막 전기요금 고지서 위에 놓인 오만원짜리 지폐,
봉투에는 백만원 남짓한 장례 비용이 들어 있었다
만원짜리 열 장이 들어 있는 다른 봉투에는 이렇게 적혀 있었다

"고맙습니다. 국밥이나 한 그릇 하시죠. 개의치 마시고."

자신의 주검을 거두는 이들을 위한 밥값이었다
개의치 마시고, 라는 여섯 글자는
주름진 손을 가만히 내저으며 말을 건넨다
가난하지만 누구에게도 폐 끼치지 않으려는 마음으로
모르는 이에게도 예의를 갖추려는 표정으로

개의치 마시고, 그러나
사람들은 차마 유언대로 국밥을 먹지는 못했을 것이다

주택공사에서 빌린 전세금을 제하고 나면
더이상의 재산도 빚도 남지 않았다

완벽한 영점으로 돌아가는 것, 존엄한 퇴거였다

그의 집 앞에 매일 하나씩 놓여 있었다던 소주병이
더이상 보이지 않게 되었다

* 「외롭고 쓸쓸한 마지막 편지」, 『시사IN』 374호, 2014. 11. 14.

강물이 요구하는 것

한 노인이 낡은 배를 저으며 다가오고 있었다

우리가 탄 배와 거의 근접했을 때
그의 모습을 찍으려고 난간 쪽으로 걸어갔는데

순간,

강물이 몸을 뒤척였고
배가 흔들렸고
핸드폰이 강물 속으로 몸을 던졌다

손에서 핸드폰이 떨어져나가는 순간
나는 알아차렸다, 강물이 요구하는 것을

메콩강의 부족에게 바치는 선물 또는 공물

강의 신 아켈로오스는
때로 사람의 몸을 요구하기도 했다지
세이렌의 노래를 들려주면서
세이렌의 목소리에 어떻게 반응하는지 지켜보면서

멀리 나루터에서 들려오는 노랫소리를 들었던가
가난한 노인의 모습을 한 세이렌이었는지도

베트남 노인의 비참을
좀더 리얼하게
좀더 예술적으로 찍고 싶었던가

물비린내를 맡으며
물 위에 떠도는 부레옥잠을 보며
스무 번도 넘게 이사를 했던 내 삶을 떠올렸던가
허술한 난간에 기대어 잠시 회한에 젖었던가

타인의 고통에 대한 관음증을 용서하지 않겠다는 듯
감상적인 동일시를 인정할 수 없다는 듯
강물은 배를 흔들어 손에 든 핸드폰을 삼켜버렸다

진흙에 묻혀 녹슬어갈 핸드폰에는
이만 장이 넘는 사진이 저장되어 있다
십여 년의 삶이 담긴 타임캡슐,
언젠가 어부의 그물에 걸려
다시 지상의 빛을 보게 될 수도 있을까

노인은 무심히 지나가고
흐린 강물 아래 펼쳐진 세계를
상상조차 할 수 없는 나는 중얼거린다

거기 남아 있어라,
부끄러운 마음 한 조각

하미에 갔다

백 개도 넘는 열매들이 땅에 뒹굴고 있다
그날의 원혼들처럼

학살의 현장에 남겨진 것은
검게 썩어가는 열매들뿐,
위령비 양쪽에 있는 나무 이름을 물었더니
방나무라 했다 아니 빵나무였는지도

1968년 1월 24일 꽝남성 디엔즈엉구 하미 마을에 살던
팜 티 호아는 수류탄에 두 발목을 잃었다
그리고 두 아이와 가족 전체를

그녀는 세상을 떠나며 이런 말을 남겼다
내가 용서하고 떠났다고 전해.
이 원한도 증오도 다 가지고 갈게.
한국 사람들 그만 미워해.

여기서 멀지 않은 퐁니와 퐁녓에서도
74명의 민간인이 죽었다
바람하나 마을, 바람둘 마을, 바람의 고장에서
죄 없는 노인과 여자와 아이 들이 하루에 죽었다
그날은 바람조차 불지 않았을 것이다

응우옌 티 탄은 왼쪽 귀의 청력을 잃었고
허리에는 수류탄 파편이 박혔다
그녀는 대한민국을 상대로 손해배상을 청구했고
재판부는 정부가 삼천만원을 지불하라는 판결을 내렸다
국방부는 1심 판결에 항소를 제기했다
너무 오래전 일이고 실체적 진실을 증명할 수 없다는 이유로

나는 그녀를 본 적이 있다
그녀가 울고 있는 모습을 본 적이 있다

위령비 앞에 흰 꽃을 바치고 향을 올리고
춤과 노래를 바치는 사람들
찌그러진 쇠붙이를 부딪쳐 영혼을 깨우는 사람들

그러나 위령비 뒷면의 비문은 아직 읽을 수 없다
진실은 연꽃 벽화로 덮여 있다

하마터면 그 연꽃이 아름답다고 말할 뻔했다

평화의 걸음걸이

1
1950년 늦여름
지리산 어느 마을에서의 일이다

새벽녘 동구에서 총격전이 벌어졌는데
마을을 빠져나가기 위해서는
그 외길을 지나지 않으면 안 되었다고 한다

국군과 인민군이 총구를 겨누며 대치하고 있는
양쪽 산자락 사이 좁은 오솔길,
주민들은 숨죽이고 총탄의 여울을 건너갔다
어머니는 아들에게 외쳤다

아가, 뛰지 마라, 절대 뛰어서는 안 된다!
천천히, 천천히 걸어야 한다!

그 외침을 방패삼아 걷고 있는 소년 앞으로
한 청년이 겁에 질려 뛰기 시작했다
문득 총성이 들렸고 청년은 쓰러졌다

숨죽여 걷는다는 일,
그것이 소년에게는 가장 어려운 싸움이었다고 한다

2
평화의 걸음걸이란
총탄의 여울을 건너는 숨죽임과도 같은 것
두려워서가 아니라 스스로의 두려움과 싸우며
총탄의 속도와는 다른 속도나 기척으로 걸어가는 것
심장을 겨눈 총구를 달래고 어루만져서 거두게 하는 것
양쪽 산기슭의 군인들이 걸어내려와 서로 손잡게 하는 것
무릎으로 무릎으로 이 땅의 피먼지를 닦아내는 것

머리카락 깃발

깃발이 갈기갈기 찢어진 것은
바람 때문이 아니다

검은 머리카락을 모아 깃대에 묶고
그녀들은 외친다
더이상 때리지 말라고 죽이지 말라고
여자라는 이유로 히잡을 쓰지 않았다는 이유로
죽어야 할 목숨은 없다고

2022년 9월 13일 마흐사 아미니는 윤리 경찰에 의해 구금되었다 히잡을 쓰지 않았다는 이유만으로

구타로 사흘 만에 사망한 그녀는 스물두 살

그녀들은 히잡을 불태우고
함께 걸어간다 머리카락 깃발을 들고

이것은 우리의 이름
이것은 우리의 얼굴
이것은 우리의 심장

머리카락은 얼마나 오래
히잡 속에서 웅크리고 있었던가

우리가 태어날 때
가장 먼저 자궁을 열고 나온 것이
머리카락이었던 것처럼
가장 슬플 때 바람에 나부끼는 것도 머리카락

더이상 찢어질 수도 없는 깃발은
허공에 펄럭이며 외친다

이 검은 심장을 이제는 가둘 수 없다고

사과의 날

붉은 사과를 위한 날이 아니다
노란 사과를 위한 날이 아니다
푸른 사과를 위한 날이 아니다

진심어린 사과를 위한 날
국가가 원주민에게 미안하다고 말하는 날
수많은 비명과 신음과 울음과 침묵을 쓰다듬는 날

2023년 5월 26일 오후 Zoom에서 만난 사만다는 이렇게 말했다

오늘이 마침 사과의 날*이야.
도둑맞은 세대의 아이들을 기억하는 날이지.

울부짖으며 끌려간 아이들 중에는
백인 시설에서 도망쳐나온 용감한 소녀들도 있었다
『토끼 울타리를 따라서』의 몰리와 그레이시와 데이지,
셋은 1,600킬로미터를 걸어서 고향집으로 돌아왔다
야생토끼의 번식을 막기 위해 백인들이 쳐놓은 울타리가
그들을 고향으로 안내하는 이정표가 되어주었다
그러나 몰리는 결혼 후에 다시 원주민 시설로 이송되었고
딸 하나와 다시 탈출을 시도했다, 그리고
시설에 남겨진 딸이 바로 이 소설의 작가 도리스 필킹턴

가리마라였다

  토레스 해협 모아 섬 출신의 사만다는
『호주에서 원주민으로 살아간다는 것』이라는 책을 쓰고
있다고 했다
  사라져가는 부족의 언어를 주석을 달아가며 쓴다고 했다
  화면 속에 보이는 작은 깃발에 대해 물었다
  짐작대로 토레스 해협 원주민의 깃발이었다
  초록은 대지를, 파랑은 바다를,
  그 사이의 검은 선은 사람을 상징한다고 했다
  남자들이 춤출 때 머리에 쓰는 흰 장식과
  다섯 부족을 뜻하는 별,
  그러나 부족의 춤도 축제도 신화도 사라지고
  이제 깃발은 도시에 사는 그녀의 책장 구석에 꽂혀 있을
뿐이다
  그리운 섬은 꿈 속에만 시 속에만 저 멀리 누워 있다

  오늘은 사과의 날
  도둑맞은 세대의 기억을 고백하고 뉘우치는 날
  원주민의 대지와 바다와 하늘을 향해
  그 후손들을 향해
  백인의 국가가 사과하는 날

* 호주에서는 매년 5월 26일을 'National Sorry Day'로 지정하여 지킨다. 1869년부터 1969년까지 100년 동안 호주 정부는 원주민(aborigine) 동화정책으로 백인과 원주민 혼혈 아이들을 원주민 가족들로부터 강제 분리시켜 집단 수용했다. 이 아이들을 '도둑맞은 세대(The Stolen Generations)'라고 부른다. 1990년대 중반부터 실태조사가 시작되었고, 수용된 아이들을 집으로 돌려보냈다. 2008년 케빈 러드 총리가 처음으로 이 어두운 역사에 대해 공식 사과했다. 지금도 '사과의 날'에는 국가가 원주민에게 사과하고, 백인과 원주민 간의 화해 주간으로 지낸다.

4부
산호와 버섯

세계 끝의 버섯*

포자 터지는 소리를 들어본 적 있어?

늦은 밤 잠이 오지 않아
베란다에 쪼그리고 앉아 있는데
희미한 폭죽처럼
버섯의 포자들이 화분 위로 터지고 있었지

밤의 정원에서는
놀라운 일이 벌어지고 있더군

비가 내린 다음날이면
숲에서도 버섯들이 왕성하게 돋아날 거야

바위와 이끼와 뿌리와 균사가 그물처럼 얽혀 있는 숲

버섯은 그늘을 좋아해
버섯은 죽은 나무를 먹고 자라

나무를 씹을 수는 있지만 소화하지 못하는 흰개미,
소화를 도와주는 균류, 그들의
정원에는 꽃 대신 버섯이 치마를 활짝 펼치고 있겠지

나는 땅속의 세계를 상상하면서

축축하고 구불구불한 길을 걸어들어갔어
더 깊은 숲으로, 더 멀고 먼 숲으로,
포자 터지는 소리가 폭죽처럼 들리는 숲으로

세계 끝의 버섯을 향해

* 애나 로웬하웁트 칭, 『세계 끝의 버섯』(2023).

산호와 버섯
―호주의 시인 사만다 포크너에게

산호와 버섯의 공통점을 아니?
포자로 번식한다는 거야

유성생식으로 아이들을 낳은 우리도
이제는 조금 산호와 버섯에 가까워지고 있지

단단하고 울퉁불퉁한 뼈를 지닌 동시에
금방이라도 바스라질 것 같은 영혼을 지니고 있으니까
깊은 바닷속을 상상하면서도
축축한 나무 그늘에 숨는 걸 좋아하니까

시라는 이름의 산호 또는 버섯,
그 포자들이 자라는 시의 그늘에서 우리는 만났지
그리고 서로의 영혼을 금세 알아보았지

그녀는 나의 시에 자라는 버섯에 대해 묻고
나는 그녀의 시에 자라는 산호초에 대해 물었지

세계 끝의 버섯에 대해
우리가 살고 있는 대륙 저편에 대해
숲에서 버섯을 캐고 있는 가난한 손들에 대해
값비싼 송이버섯을 따라 움직이는 자본의 흐름에 대해
하얗게 죽어가는 산호초의 안부에 대해

몇 달 동안 계속된 산불에 대해
불이 나야 번식을 하는 유칼립투스나무에 대해
이야기하며 우리는 아주 멀리 가기도 했지

나는 그 먼바다의 깊이를 알지 못하고
그녀는 이 땅의 흙냄새를 맡아본 적 없지만

그녀의 고향 토레스 아일랜드,
섬집에 누워 그 푸른 하늘을 잠시 엿본 것 같네
부족들의 다정한 얼굴에 둘러싸여
짧은 단잠을 자고 일어난 것 같기도 하네
수영을 못하는 내가 그녀를 따라
바닷속 깊이 내려가 산호초를 본 것도 같네

내일은 그녀와 헤어지는 날
나지막이 나는 말하려네 야오*, 다음에 만나

---

* Yawo. 토레스 아일랜드의 원주민들이 헤어질 때 하는 인삿말로, '안녕'이라는 뜻.

바람의 음악

헨리 데이비드 소로가 만든 에올리언하프를
콩코드 박물관에서 보았다

풍명금이라고도 불리는 이 하프는
나무로 된 기다란 울림통에
세 개의 현과 튜너가 달려 있다

바람만이 연주할 수 있는 이 하프에서는 어떤 소리가 날까

가만히 눈을 감으니
바람의 신 아이올로스가
창가에 놓인 하프를 연주하기 시작한다

C-C-C, C-G-C, C-C#-C, C-E-C, D-A#-D, C-A#-C,
D-A#-D, G minor

바람소리 사이로
새소리 빗소리 개구리소리 매미소리 거위소리
워낭소리 휘파람소리 여우소리 들려오고
소로는 식구들을 창가로 불러 그 소리에 귀를 기울였다

자연의 음악은 어떤 식으로든 화음이 잘 맞았다

바람이 다시 세 개의 현을 맴돌 때까지는
며칠을 기다려야 할지도 모른다

소로는 Deep Cut의 철로를 걸으며
바람에 전깃줄 우는 소리를 오래도록 들었다
깊은 상처라는 뜻의 지명처럼
삶의 벌판에서 한없이 울려퍼지는 그 울음소리 역시
에올리언하프의 소리를 닮았다고 생각하며

이웃집에서 들려오는 피리소리나
멀리서 들려오는 기적소리,
현관에서 삽으로 눈 치우는 소리도 그에게는 음악이었다

악기의 현이든 전깃줄이든
펄럭이는 빨래든 스치는 나뭇잎이든
나부끼는 깃발이든 종잇조각이든

바람에 우는 것은 모두가 생의 음악이었다

유리창 너머

나는 누군가의 창문을 찍을 뿐이다
그리 대단한 성과는 아니다*, 그는 말했다

그의 사진 속에는
흰 눈을 맞고 서 있는 우체부가 있고
빨간 우산을 쓰고 걸어가는 여자가 있고
신호등을 기다리는 사람들이 있다

눈처럼 녹기 쉽고
유리처럼 부서지기 쉬운 표정을 지으며

그의 사진 속에서
피사체는 왜 어둡고 흐릿한지
눈 내리는 거리는 얼마나 자욱한지
빗방울이 맺힌 유리창은 어떻게 어룽거리는지

들릴 듯 안 들릴 듯하고
보일 듯 안 보일 듯하고

표면과 심연을 구별하기 어렵고
명료한 것이 갑자기 흐려지거나 불투명해지기도 하는

렌즈 또는 유리창 너머의 세계

그의 사진 속에서 유리는
때로 액체처럼 보이기도 한다

유리라는 물질 덕분에
그는 세계를 낯설게 보는 법을 배웠다
피사체를 안전하게 보존하는 법을

그러니 남의 집 창문이나 찍으며 한 생애를 보낸다 해도
후회하거나 주눅들 필요는 없다

평생 뉴욕 이스트 10번가 작은 아파트에서 살았던 그는

아무 일도 일어나지 않기를 바라고
아무 것도 하지 않는 사람을 존경하고
중요하지 않은 존재로 살아가는 즐거움을 알고 있었다

모든 일은 유리창 너머에서 일어나고 지나갔을 뿐

누군가의 왼쪽 귀를 살살 간지럽히는 게
사진의 목적이라는 그의 말처럼

* 사울 레이터, 『영원히 사울 레이터』(2022).

눈의 대지

이 드넓은 땅은
눈을 받기 위해 생겨난 것 같다

사흘 동안 한 번도 흙을 밟아보지 못했다
이곳에선 눈이 대지다

신이 살포한 밀가루처럼
겨울 식량이 되어 길 양쪽에 쌓여 있는 눈

눈 속에 뿌리내린 나지막한 집들과
키를 넘는 눈벽 사이로 걷는 사람들,
나무들도 눈에 무릎을 묻은 채 겨울을 난다

이곳의 눈은 물기가 적고 푸석푸석해서
투명한 얼음이 되지는 않는다

눈 위에 다시 눈이 내린다 내리고 또 내린다

계속 발아하고 증식하는 눈의 무진장,
흰 글씨로 쓴 겨울 이야기는 언제나 읽을 수 있을까

눈 위에 가만히 누웠다
춥지 않았다

십 년 전 길에서 죽은 동생이 옆에 있는 것 같았다

누나, 눈 속에서 잠들지 마,
가만히 나를 흔드는 손길이 느껴졌다

눈의 실뿌리는
얼마나 멀리 뻗어가고 있는 것일까
하얀 피를 나르는 실핏줄처럼

눈의 대지가 들려주는 심장소리를 들었다

눈 밟는 소리

그날 새벽 꿈에서 들었다
누군가 사각사각 눈 밟는 소리를

아무도 밟지 않은 눈이었다
발소리는 점점 가까워졌다가 얼마간 곁에 머물렀다

먼길 떠나기 전
그녀가 다녀간 것이었구나,
다음날 아침 부음을 듣고서야 알았다

접시의 물이 증발하듯
가쁜 호흡을 내려놓는 순간
마침내 고통에서 벗어날 수 있었을까

그녀의 식은 심장 위에 흰 꽃을 올려놓았다

더이상 지상의 양식을 삼킬 수 없게 된
더이상 지상의 공기를 마실 수 없게 된

그녀는 죽은 뒤에도
내 속에서 한없이 죽어간다

흰 눈 위에서

텅 빈 눈동자 속에서
아무 말도 건넬 수 없는 시간 속에서
나는 무엇을 보려 했던 것일까

어느 눈길에서 서성이고 있는지
내 오른쪽 귀를 떠난 눈 밟는 소리는 아직
왼쪽 귀로 돌아오지 않았다

누가 죽음을 고요한 묵음이라 말하는가

그녀는 보이지 않고
어디선가 눈 밟는 소리 들린다

겨울새가 잠시 앉았다 날아간 자리

그녀의 발이 시려워서 어쩌나
나는 발을 구르고
눈 밟는 소리 멀어져간다 사각사각 사각사각 사각사각……

오늘의 햇볕

어떤 증오와 조롱의 말을 들었다

독기 서린 말의 과녁이 정확히 누구인지 알 수 없지만
잠시의 기쁨을 꺼버리기에는 충분했지
축하의 말조차 감정의 이물질이 섞여 있다는 것을
그들의 표정만으로 알 수 있었다

어쩌다 햇볕이 좀더 드는 자리에 앉게 되면
치러야 할 몫이 있는 법

자신은 왜 그늘에만 있어야 하느냐고 묻는 이에게
빛에 대한 변명을 해서는 안 되지

모래 위에 뱉은 침처럼 부글거리는 말,
침이 얼굴에 쏟아지지 않은 걸 다행이라 여겨야 할까
침에서 나온 날카로운 침,
급소를 찔리지 않은 걸 감사해야 할까

입에 버석거리는 말
목에 가시처럼 박히는 말
심장을 뚫고 흘러들어오는 말
혈관을 조여드는 말
내장을 찌르고 훑어내는 말

배설되지 않고 계속 꾸룩거리는 말
밀어내려 할수록 달라붙는 말

오후 내내 걸었더니 체기가 조금 내려간 것 같다

부디, 오늘의 햇볕에 대해
입을 다물자

입속에서 침과 모래가 섞여 울컥거린다 해도

이올란타*

태초에 비명이 있었다
빛 대신에

태어나서 한 번도 빛을 보지 못한 이올란타에게
눈은 오로지 눈물을 위한 것

흰 꽃과 붉은 꽃을 구별할 수 없는
그녀의 눈은
정원에 날이 저무는 줄도 몰랐다

그 어두운 천국에서 그녀는 행복했다
빛이 무엇인지 가르쳐준 보데몽이 나타나기 전까지는

오히려 눈을 뜨게 된 순간부터
고통은 시작되었다
어둠의 보호막이 떨어져나간 순간부터
그녀를 위해 자신의 눈을 찌른 보데몽의 사랑으로부터

새들의 노랫소리도 비명으로 듣는 귀가
이올란타에게는 있었다

이 많은 비명은 어디서 들려오는 걸까요

사람들의 춤이 피었다 시드는 동안
붉은 꽃은 붉은 꽃으로
흰 꽃은 흰 꽃으로 피어났지만
그녀의 정원에는 더이상 새가 날아오지 않았다

태초에 빛이 있었다고 누가 말하는가

귀를 막아도 들리는 비명을 향해
무릎을 끌며 나아가는 이올란타를 보면서

* 차이콥스키의 오페라.

허공의 방

있다 그들과 함께
바둑판 같은 Zoom 화면 속에
바둑알처럼 자리를 지키고 앉아 있다

부르면 언제든 대답할 수 있는 곳에
클릭하면 언제든 나갈 수 있는 곳에
카메라를 끄면 언제든 사라질 수 있는 곳에
마이크를 끄면 언제든 침묵할 수 있는 곳에

그러나 손과 손이 끝내 닿을 수 없는 곳에
우리는 있다

이 안전하고 위태로운 수업을 위해
오늘도 허공의 강의실 문을 열고
정돈된 책장을 배경으로
단정한 상의를 입고
PPT 자료를 공유하지만

누군가에겐
이 방이 사라진 줄도 모르고
누군가 튕겨나갔다 들어온 줄도 모르고

부른다 그의 이름을

믿는다 그들과 함께 있다고

예약된 시간만큼은
줌인과 줌아웃의 자유가 허락된 이 방에서
녹음과 녹화가 가능한 이 방에서

배경 화면을 바꾸고 이름을 바꾸고 설정을 바꾸고
캄캄한 바둑알이 되어

주머니를 만들기 위해서는

주머니를 만들기 위해서는
그 전에 배워야 할 게 아주 많아

헝겊 위에 선을 긋고
(너무 진하지도 너무 희미하지도 않게)

바늘에 실을 꿰고
(너무 길지도 너무 짧지도 않게)

동그란 매듭을 짓고
(너무 크지도 너무 작지도 않게)

홈질이나 박음질을 하고
(너무 촘촘하지도 너무 성글지도 않게)

너무와 너무 사이에서 균형을 잡는 연습이 필요해

두 겹의 헝겊을 단단히 여며서
세 면을 다 박으면
그 속에 자그마한 공간이 생기지?

물론 주머니의 크기나 위치도 중요해
(너무 높지도 낮지도 않게)

옷과 주머니 사이
두 팔과 주머니 사이
주머니와 주머니 사이의 거리 말이야
(너무 가깝지도 너무 멀지도 않게)

주머니에 어울리는 실의 굵기도 고려해야지
(너무 얇지도 너무 두껍지도 않게)

아, 주머니를 만들 때 어떤 표정을 짓는지도 중요해
(너무 밝지도 너무 어둡지도 않게)

이 모든 것을 배우고
주머니를 만들 수 있게 되었을 때
네가 주머니 속에서 만날 허공은 어떤 것일까

울퉁불퉁한 돌멩이들,
짤랑거리는 동전들,
녹슬어가는 못이나 압정,
나달나달해진 영수증과 메모들,
썩어가는 누군가의 손,
더이상 발신되지 않는 휴대폰

― 결국 이런 것들을 넣으려고
우리는 심혈을 기울여 주머니를 만들지
너무와 너무 사이에서 끝없이 흔들리면서 말이야

아직은 네게 바느질을 가르쳐주고 싶지 않아

주머니가 완성되고 나면
주머니 속에 갇히는 것은 바로 너 자신이니까

내 가장자리는 어디일까

다리를 다쳐 얼마간 전동 휠체어 신세를 졌다

전동 휠체어를 타고 강의를 하고 회의에 참석하고
바람을 쐬며 산책을 즐기기도 했다
원하는 방향과 속도대로
두 바퀴는 아픈 발을 페달에 싣고 달렸다
둥근 바퀴의 탄력이 내 몸을 눈사람처럼 굴려가고

노트북으로 글을 쓰고
커피를 마시는 것도 전동 휠체어에 앉아서 했다

자판을 가로지르는 두 손,
컵의 온기와 섞여드는 손의 온기,
발의 감각과 페달의 감각이 하나가 되어갔다

내 가장자리는 어디일까

전동 휠체어와 노트북과 컵의 가장자리까지를
나라고 부를 수도 있지 않을까

피부를 지닌 존재로서
철이나 플라스틱이나 세라믹과 연결된 이 몸을

이 숟가락으로는*

그는 나무로 무엇이든 만든다
나무의 결과 무늬, 그 속에 깃든 형상에 따라

그가 만든 숟가락들은 말한다
세상의 모든 나무는 멋진 숟가락이 될 수 있다고
곧으면 곧은 대로 굽으면 굽은 대로
부서지고 불탄 흔적이 있어도 버리지 않는다

손끝으로 집어야 할 만큼 짧은 숟가락도 있고
너무 길어서 다른 이에게만 떠먹일 수 있는 숟가락도 있다

작고 오목한 면만 있으면 숟가락이 된다
입에 들어갈 무언가를 한술 담을 수만 있다면

물이든 밥알이든 푸성귀든 국물이든 고기 건더기든
목숨을 위해 무엇이든 실어나르는 도구

밥그릇을 빼앗고 숟가락을 분지르는 사람들을 보며
그가 할 수 있는 일은 버려진 나무로 숟가락을 깎는 일이었다

숟가락 싸움 밥그릇 싸움 앞에서 그는
묵묵히 숟가락을 만들었나

스테인리스나 플라스틱이 아니라 나무로 된 숟가락을

작은 나무토막, 심지어 가지나 껍질까지도
숟가락의 재료가 되어주었다

구멍이 숭숭 뚫린 숟가락도 만들고
조개껍데기를 이어붙인 조개 숟가락도 만들면서
그는 생각했을 것이다
이 순한 숟가락들이야말로 가장 정직한 무기라고
한술 한술 누군가 떠먹이며 살아야겠다고

그가 만든 어떤 숟가락은 작은 새처럼 보이기도 한다
이 숟가락으로는 무엇을 먹을까 먹일 수 있을까

* 목우공방 108 나무 숟가락.

손과 손으로

너는 마악 손으로 떠낸 실테를
내 앞에 내민다

잘 받아내려고 나는 한껏 몸을 기울인다
아이를 받아내는 산파처럼

더 나빠지든 더 좋아지든
더 모아지든 더 흩어지든

어찌되었든 이 실뜨기를 이어가야 해

우리는 한 줄기 실이나 몇 가닥 머리카락으로 연결되어 있어

나는 네 머리를 땋아주고 너는 앞에 앉은 친구 머리를 땋아주고 그 친구는 앞에 앉은 친구 머리를 땋아주고 그 친구는 앞에 앉은 친구 머리를 땋아주고 그렇게 원을 그리며 앉아 서로의 머리를 땋아주었지 네 머리는 너무 짧아서 땋기가 어려워 네 머리는 너무 길어서 땋아도 땋아도 끝이 없네 너는 머리카락에 힘이 없는 것 같아 너는 머리카락에 윤기가 돌아 너의 머리카락에선 향긋한 냄새가 나는구나 너는 머리카락이 철삿줄 같구나 서로를 땋아주고 낳아주고

실과 실이, 실과 손이, 손과 손이, 손과 머리카락이
이어지면서 태어나는 둥근 둘레들

실뜨기는 자주 어그러지지만
우리는 다시 손가락에 실을 걸기 시작한다
작은 무대 같기도 하고 바구니 같기도 한 실의 형상은
가만히 입을 벌린다 누군가의 손을 기다리며

무너져가는 실테를 아기처럼 받아내는
산파의 손을

해설

가없는 휴머니즘
박동억(문학평론가)

1. 뒤를 돌아보기

언제나 배경이 있었다. 인류 최초의 예술이라고 하는 동굴 벽화에도, 성소에 부조된 신화에도, 사람을 기리는 초상화에도 배경이 있었다. 하지만 배경은 뒤로 물러나 좀처럼 보이지 않았다. 사람들은 모나리자의 미소에 대해서 말하지만, 그녀의 등뒤에 놓인 풍경에 대해서는 언급하지 않았다. 누구든지 동물과 신과 사람에게 바쳐진 수많은 예술의 이름을 떠올릴 수 있지만 그 그림의 배경까지 기억하는 일은 어려워했다. 하나의 작품을 완성한다는 것은 마치 그 배경을 투명하게 만들고 그 재료를 잊어버린다는 의미와 같은 듯했다. 창작의 본질은 드러나게 하는 동시에 감추는 것, 다시 말해 전경과 후경을 나누는 작업이었다.

휴머니즘을 이렇게 정의할 수 있을까. 사람을 사랑하기 위해 세상 모든 것을 사람의 배경으로 추방한 시대가 있었다. 지난 몇백 년간 세상의 주인공은 물론 사람이었다. 그리워하고 애도할 대상도 사람이었고, 기록으로 남겨야 하는 것도 사람의 역사였다. 최근 몇 년 사이에 인간중심주의를 비판하는 사상가들이 나타나기도 했으나 여전히 휴머니즘의 황혼은 끝나지 않았다. 십 년 안에 사람보다 똑똑한 기계가 만들어지거나 지구온난화로 세계의 수많은 나라가 식수 공급에 어려움을 겪게 될지도 모르지만, 사람의 힘으로 미래의 해결책을 찾을 수 있다는 믿음은 중단된 적이 없다.

하지만 인간이라는 독단을 벗어날 때 비로소 보이는 풍경이 있다. 나희덕 시인의 새 시집 『시와 물질』은 인간중심적 관점에선 배경에 지나지 않던 타자들의 목소리에 귀기울이는 시집이다. 무엇보다 이 시집에서 성찰되는 것은 사람에게 주어진 근원적인 생명이다. 생명은 무엇으로부터 오는가. 여기 어려운 잠언은 없다. 시집을 한 페이지씩 읽어나가다보면 자연스럽게 떠올리는 것은 사람이 홀로 살 수 없다는 자명한 사실이다. 이 시집에 담긴 내용은 잊고 있었던 당연한 사실이다. 사람은 지구에 의해 부양된 존재이다. 다른 동식물이 생명을 내어주었고 대지가 자원을 내어주었기에 인류 문명은 지속할 수 있었다. 이 시집은 그동안 배경으로 취급해온 다른 동식물과의 관계나 한 사람의 삶을 이루는 생물학적이고 사회학적인 맥락을 다시금 생각해보게끔 만든다.

중요한 것은 이러한 시적인 성찰이 대화라는 형식을 통해 행해진다는 것이다. 기본적으로 다수의 시가 생물학·생태학·사회학을 비롯한 여러 학자의 저서를 참조하며 쓰였다. 이러한 인용은 시인이 지향하는 자아의 형태를 암시하는데, 바로 홀로 판단하는 독아론을 벗어나 타인과의 소통 속에서 함께 합의하고자 하는 대화적 주체라고 할 수 있다. 더 나아가 시인은 사람의 입장에서 벗어나 거미불가사리, 닭, 지렁이, 버섯과 같은 비인간 타자의 입장에서 세상을 바라보는 시적인 몽상을 행하기도 한다. 이러한 사색 또한 두 가지

지향을 드러낸다. 하나는 사람에게 도움이 되는 자연이라는 관념을 벗어나 생태계에 대한 시야를 넓히는 것이고, 다른 하나는 인간만이 세상의 주체라는 믿음을 벗어나는 것이다.

이를테면 「세포들」에서 시인은 어떻게 그의 하루가 "박테리아 덕분에 살아가는 나날"이라고 쓸 수 있었을까. 그것은 시인이 세포의 수준에서 생명의 본질을 상상하고 있기 때문일 것이다. 예컨대 수십억 년에 걸쳐 미토콘드리아가 진화했다는 사실을 떠올려보자. 이것은 세포가 동물 종의 경계를 넘어서 다음 세대에게 거듭 건네져왔다는 뜻이기도 하다. 그렇다면 생명이란 세포라는 문자를 공유하는 도서관이라고 비유할 수 있지 않을까. 이러한 맥락에서 생물학자 린 마굴리스는 생명을 "느리게 밀려오는 기묘한 파도"이자 "통제된 예술적 혼돈"이며 "기절할 만큼 복잡한 일련의 화학 반응"* 이라고 비유했다. 이때 강조된 바는 생명의 본질은 파도나 화학 반응처럼 '뒤섞임'이라는 사실이다. 누군가는 그것을 먹고-먹히는 과정이나 길들이고-길들여지는 과정이라고 부를 수도 있겠으나 적어도 세포의 수준에서 진화는 홀로 이루어진 적이 없다. 그리하여 시인이 생명을 "덩굴"이자 "소용돌이"이며 "세포들 사이의 사건"(「세포들」)이라고 표현할 때 다음과 같은 함의 또한 떠올리게 한다. 그

---

* 린 마굴리스·도리언 세이건, 『생명이란 무엇인가』, 김영 옮김, 리수, 2016, 49쪽.

어떤 생명도 홀로 서지 않는다. 우리 곁의 다른 동식물이 있었기에 인류는 진화의 시간을 견딜 수 있었다.

　한편 진화라고 하는 단어는 그 특유의 긍정적 어감 때문에 사람이 항상 더 나은 존재가 되어왔다는 착각을 불러일으키곤 한다. 그런데 진화는 꼭 사람처럼 이성적 존재가 되어가는 과정은 아닐 수 있다. 시인이 「거미불가사리」와 같은 시에서 말하고자 하는 핵심은 그것이다. 시인은 거미불가사리가 '눈'도 없고 '뇌'도 없지만 "온몸으로 보고／ 온몸으로 느끼고／ 온몸으로 생각한다"라고 표현한다. 이것은 '생각한다'라는 메커니즘에 대한 인간중심적인 사고를 벗어나도록 하는 제안이다. 사람이 세상에 거리를 두고 판단하는 방식으로 '생각할 때', 거미불가사리는 세계에 얽히고 피부를 맞대는 방식으로 '생각하는' 것이 아닐까. 비로소 이 시집은 독자에게 묻는다. 주체란 무엇인가. 인간만이 세상의 주체라는 믿음은 생명의 가능성을 어떻게 제한하는가.

　사람만이 배우는 존재가 아니다. 사람을 세상의 주인공으로 삼는 '인간적인' 무대를 벗어난다면 이렇게 말할 수도 있지 않을까. 동물 또한 학생이다. 지구는 각자의 방식과 제 자신의 속도를 다해서 배우는 주체들의 세계이다. 그리고 그들은 홀로 진화를 이룬 적이 없다. 린 마굴리스의 표현처럼 "생명의 실체는 지구를 둘러싼 채로 성장하고 스스로 상호작용하는 얇은 물질층"*이다. 생명은 상호작용 속에서 배운다. 그렇기에 시인은 「닭과 나」에서 닭이 있고 내가 있다고 쓰지 않는다. 대신 두 존재가 "서로를 태우고 앉아 같은 곳을 보고 있어요"라고 말한다.

2. 시적인 포스트휴먼

되돌아보면 나희덕 시인의 시쓰기에는 하나의 일관된 원칙이 존재했다. 그는 1999년 간행한 산문집 『반통의 물』에서 "현대문명이 모든 골목을 사라져버리게 한 뒤에라도, 시인은 그 사라져가는 것들을 기억하고 복원해야 할 의무와 권리를 가지고 있다"**라고 썼다. 여기 선언된 것은 기록하는 자로서 '잊지 말아야 한다'라는 하나의 원칙이다. 그리고 첫 시집 『뿌리에게』(1991)부터 아홉번째 시집 『가능주의자』(2021)에 이르기까지, 시인은 힘이 없기에 호명되지 않는 자, 신념을 지녔지만 쓰러진 자, 죄의식을 상기시키기에 감춰진 희생자를 그의 시 속에 일관되게 간직하고자 했다. 근본적으로 그의 시쓰기는 타인을 호명하는 윤리적 원칙이나 다름없었고, 그의 시집을 펼친다는 것은 우리가 잊어서는 안 될 오래된 골목으로 들어서는 순간에 빗댈 수 있었다. 새 시집에서 그러한 윤리적 호명은 더욱 아득한 타자에게

---

* 같은 책, 19쪽.
** 나희덕, 『반통의 물』, 창비, 1999, 57쪽.

로 향한다. 시인이 찾아 헤매는 것은 "지금은 사라진 어떤 빛"(「멸치들」)이다. 그리고 이제 시인의 시선은 사람으로부터 가장 먼 곳, 즉 생명이라고 하는 기원에 다다른다. 달리 표현하면 한 시인이 문명의 바깥으로 시선을 돌리기까지 서른 해에 걸친 여정이 필요했다고 말할 수도 있겠다. 물론 생태학적 전회의 조짐을 찾는다면 이미 그가 2000년대에 창작한 작품에서도 확인할 수 있다. 시인은 『야생사과』(2009)에서 현대인의 밍크고래 남획을 비판하는 한편 미국 원주민을 방문하여 '빗방울이 구름의 죽음'이라는 깨달음을 얻은 순간을 각별히 기록했다. 『말들이 돌아오는 시간』(2014)에서는 '아메바' '풀' '불가사리'와 같은 동식물의 존재 방식에 대해서 숙고해보기도 했고, 『파일명 서정시』(2018)에서는 "부서져내리는 흙에는 국경이 없다"(「우리는 흙 묻은 밥을 먹었다」)라고 말하며 국경과 인종의 차이를 가로질러 생명의 터전인 대지를 보전해야 한다고 단언했다.

이어 코로나19 팬데믹 시기에 간행된 『가능주의자』에서는 문명의 맹목적인 발전에 대해 참담함을 느끼는 생태주의자의 어조로 비닐이 가득한 바다와 생명력을 잃어가는 대지를 노래했다. 때론 절박하게 그리고 때론 조심스럽게 그는 묻는다. 어떻게 자연이라는 가장 오래된 골목으로 동시대인의 눈길을 머물게 할 수 있을까. 이 물음에 동반하는 절박과 슬픔은 이번 시집에서도 여실히 묻어나온다.

개미가 더듬이로 진딧물을 자극하면
진딧물은 달콤한 즙을 내놓지요
개미는 무당벌레로부터 진딧물을 보호해주고요

공생은 서로 돕는 게 아니라
이용하고 착취하는 거라고 진화생물학자들은 말하지요
적은 비용으로 최대한 이득을 보도록
모든 생물종은 설계되었다고,
그들에게서 이타성을 읽어내는 것은
인간적인 생각이나 바람일 뿐이라고 말이지요

요즘 내가 궁금한 것은
진딧물의 맛

개미의 더듬이가 진딧물을 스칠 때
진딧물은 어떤 표정을 지으며 즙을 내뿜는지

과연 개미는 개미 자신을 위해서만
진딧물은 진딧물 자신을 위해서만 물기어린 손을 잡는지

그것을 사랑이라고 부를 수는 없는 것인지
—「진딧물의 맛」부분

시의 주제를 파악하기는 어렵지 않다. 진화생물학자는 개미와 진딧물의 공생이 두 곤충에게 이득이 되는 행위일 뿐이라고 설명하지만, 시인은 공생을 곧 사랑이라고 바꾸어 불러보고자 한다. 여기에서 자연과 감응하고자 하는 지향을 확인할 수 있다. 다만 좀더 숙고해볼 내용은 개미와 진딧물의 관계를 사랑이라고 단언하는 대신 "그것을 사랑이라고 부를 수는 없는 것인지" 머뭇거리는 어조로 작품이 마무리된다는 점이다. 왜 시인은 두 존재가 함께 살아간다고, 그렇게 그들이 사랑하고 있다고 확언하지 않았을까. 사실 그것이 시의 직분이고, 오랫동안 시인들이 행해왔던 자연 묘사의 방식이다. 보들레르는 자연을 어린아이의 살결과 오보에 연주처럼 느꼈고, 김소월은 새가 꽃을 좋아하기에 산에서 산다고 말했다. 내가 기쁠 때 세상이 찬란한 것처럼 보이듯, 현대시의 기원에는 시인의 감정으로 세상을 채색한다는 주관성의 원리가 내재해 있다.

그렇다면 여기 머뭇거리는 어조는 시인이 자신의 주관성으로 세상을 덧칠하기를 주저한다는 사실을 뜻한다. 분명히 시인은 개미와 진딧물의 관계에 대해 '사랑'이라고 덧붙이는 것이 그저 "인간적인 생각이나 바람일 뿐"인 관념을 그들에게 덧씌우는 일이 될 수 있다고 말한다. 하지만 그는 모든 생명 활동은 이기적인 목표를 지닌다는 진화생물학자의 해석에 선뜻 동의하지도 않는다. 대신 시인이 행하는 것은 마치 타인의 연애를 훔쳐보듯 개미와 진딧물을 바라보는 일이다. 그는 상상한다. 개미의 더듬이는 진딧물의 손길을 어떻게 느낄까. 진딧물은 개미에게 어떤 표정으로 다가갈까, 시인은 마치 종의 경계를 넘어서 그들의 내면에 들어가기를 꿈꾸는 듯하다.

　시인에게 극복해야 할 것은 관찰자일 뿐인 자기 존재이다. 그러한 의미에서 이 시의 '사랑'은 인간의 실존을 초월하는 실존적 탐구라고도 이해할 수 있다. 진화생물학자에게 중요한 것은 생명의 귀결이지만, 시인에게 중요한 것은 삶 자체이다. 진화생물학자에게 두 곤충의 관계는 관찰 대상이지만, 시인에게 두 곤충의 관계는 얼굴을 마주하고 피부를 맞대는 사건이다. 물론 사람에게 타인이 아닌 타자의 관계까지 '사랑'이라고 부르기는 어려운 일이다. 그것이 인간의 실존으로는 상상할 수 없는 타자의 세계이기 때문이다. 사람과 전혀 다른 동식물의 눈으로 본 풍경까지 사랑할 수 있을까. 개미와 진딧물이 끌어안는 그 피부 접촉까지 사랑할 수 있을까. 이러한 반문 속에서 시인은 머뭇거린다. 그러나 끝내 한 걸음 더 나아가 "그것을 사랑이라고 부를 수는 없는 것인지" 되묻는다.

　이렇게 선언할 수도 있지 않을까. 『시와 물질』에 기획된 것은 사람에 대한 실존적 재인식이다. 미래의 인간은 지금까지 그래왔듯 인간으로 남을 수도 있고, 아니면 타자의 실존을 향해 가없이 열릴 수도 있다. 시인이 응시하는 가능성은 후자이다. 반복되는 것은 타자의 시선으로 사람을 바라보려는 시도이다. 육식동물의 시선으로 바라보면 우리가 "먹이로서의 인간"(「누군가의 이빨 앞에서」)에 지나지 않는다는 사실을 깨닫는다. 콘크리트와 보도블록 아래서 자라나는 풀은 그 자체로 문명을 향한 '증언'이다(「밤과 풀」). 이러한 타자에 대한 재인식은 되돌려 말하면 그 타자들에게 열려 있는 시적인 실존에 대한 발명이기도 하다.

>   새는 바위에 앉아 있다
>   날개보다 무거운 것은 없다는 듯이
>
>   날아오르라고,
>   어서 날아오르라고,
>   외치는 동안 나는 점점 무거워지고
>   새는 점점 투명해진다
>
>   내가 너무 무거워서 투명해진 새는
>   며칠째 바위에 앉아 있다
>
>   누가 새를 점화시켜줄 것인가
>
>   부싯돌처럼
>   바위를 쪼개며 날아오르기를 기다리는데

새는 미동도 없다

　　아니다,
　　새는 날고 있다
　　날개가 있다는 것조차 잊은 채
　　발톱으로 바위를 움켜쥔 채

　　새는 날고 있다
　　내 어두운 뼛속의 먼 하늘을
　　　　　　　　　　—「무겁고 투명한」 전문

　메시지가 선명한 다른 시들에 비해 유독 「무겁고 투명한」은 상징적이고 함축적이다. 여기서 '새'는 마치 시인의 분신이거나 시인의 내면을 상징하는 것처럼 느껴진다. 시인이 무거워질수록 새는 투명해진다는 표현처럼 두 존재가 상호 작용하고 있고, 새가 "내 어두운 뼛속의 먼 하늘"로 날아들면서 시가 마무리되기 때문이다. 그렇다면 이 새를 통해 시인이 표현하고자 했던 바는 무엇일까. 그것은 바로 둔중한 '나'를 버리고 투명한 '새'의 실존이 되기를 바라는 마음, 더 나아가 스스로 파악하지 못하는 내면의 '어두운 뼛속'까지 도달하는 새로 변신하기를 바라는 마음이 아닐까.
　동물의 눈으로 세상을 보았던 샤먼처럼, 이 시집은 인간중심주의를 벗어나 다른 동식물의 시선으로 세상을 바라보는 새로운 사람, 어쩌면 시적인 포스트휴먼이라고 표현할 수 있을 인간형을 표현한다. 그러한 가능성의 상징이 '새'라면, 시인은 그 새의 비행이 낡은 인간성의 궤적을 벗어나기를 바라고 있는 셈이다. 포스트휴머니즘에 입각한 샤먼은 미토콘드리아와 유전자의 몸으로 세상을 올려다보고 거미 불가사리와 개미와 진딧물의 몸으로 세상을 끌어안는다. 더 나아가 새의 날갯짓은 "시집에 넣지 않고 까마득히 잊어버렸던/ 슴새 한 마리"(「슴새를 다시 만나다」)처럼 불현듯 떠오르는 기억을 향해, 즉 무의식에 감춰졌던 생태적 부채 의식을 향해 날아들 것이다.

3. 사람의 존엄한 퇴장을 위하여

시「지렁이를 향해」는 찰스 다윈의 저서『지렁이의 활동과 분변토의 형성』(1881)에 관한 작품이다. 여기서 시인은 과학자의 탐구를 사랑의 언어로 번역하여 "내가 숲 그늘을 쉽게 떠나지 못한 것은/ 지렁이 때문이 아니라/ 지렁이를 향해 다가가던 사람의 마음 때문인지 모른다"라고 쓴다. 이때 그가 언급한 '사람의 마음'이란 무엇일까. 실상 그것은 우리에게 이미 주어져 있지만 무의식에 억압된 능력일지도 모른다. 마치 폴 리쾨르가 프로이트의 정신분석학을 사랑을 재창조하는 능력이라고 불렀던 것처럼, 여기서 드러나는 것은 진화생물학을 사랑의 능력으로 전환해보려는 나희덕 시인의 의지이다.

자신의 기원을 이루지만 억압된 것이 무의식이라고 한다면, 생명이 생명에게 생명을 빚지고 있다는 자명한 사실을 잊는다는 것 또한 일종의 무의식적 억압이라고 할 수 있겠다. 그러나 이제 우리 시대의 인간은 눈을 떠야만 한다. 철학자 티머시 모턴은 현대인을 "이제 막 근대인이 안 될 수 있는 법을 배우기 시작"*한 세대라고 표현한 바 있다. 어쩌면 나희덕 시인이 그리는 주체, 이 세계의 모든 생명에게 실존적으로 열린 주체야말로 '근대인을 벗어나는' 구체적 형상일지도 모른다. 시집의 시구를 빌린다면, 가없이 세상과 관계하는 주체이자 모든 생물종의 상호작용을 사랑으로 번역하여 탐구하는 정신이 곧 "손으로 걸어다니는 새로운 인류"(「물구나무종에게」)인 셈이다. 더 나아가 "바람에 우는 것은 모두가 생의 음악이었다"(「바람의 음악」)라고 시인이 선언할 때, 상상되는 것은 모든 울음소리를 듣는 '귀'이다. 그것은 마치 모든 존재의 울음소리와 함께 떨리는 악기로서 자신을 탈바꿈하는 상상에 가깝다. 그리고 이러한 시적 몽상은 세계를 자원으로 삼아서 자기 보전하는 데 급급한 근대인의 형상에 대항하는 기획이기도 하다.

---

* 티머시 모턴, 『하이퍼객체』, 김지연 옮김, 현실문화, 2024, 45쪽.

뚫고 또 뚫어라!

기후 위기 따위는 문제가 아니라는 듯
점토와 암반에 파이프라인을 박아대는 시추탑과
데이터 센터로 전송되는 데이터들,
지구는 구멍이 숭숭 뚫린 채 갈기갈기 찢기고 있다

땅속에서 쉬지 않고 뽑아올리는 이 죽음의 주스를
한 번도 마시지 않은 사람이 있을까

죽은 유기체들로부터 나온
이 화석연료는 굴뚝과 배기구를 통해 승천하며
지구를 가장 빠르게 죽게 할 것이다
         —「피와 석유」부분

관람객들은 빙하 조각을 손으로 두드리고 발로 차고 칼로 긁었다 막대기로 이름을 새기고 그림을 그리기도 했다 삼삼오오 사진을 찍고 얼음을 핥아먹으며 웃었다 아이들은 숨바꼭질을 하거나 그 위에 올라타려고 했다 눈물을 흘리거나 기도를 하는 사람은 없었다 원산지를 밝히지 않는다면 빙하는 평범한 얼음덩어리와 다를 바 없었다

도시로 끌려온 열두 명의 설인,

누구도 그들의 울음소리를 듣지 못하는 것 같았다

부서진 얼음 시계는 더 빠르게 녹아내렸다
바늘도 눈금도 없이

빙하 녹은 물로 광장은 흥건해졌지만
물 위에 비친 자신의 모습을 바라보는 사람은 없었다

파리의 하수구로 흘러든 빙하는
곧 잊히고 광장은 푸석푸석한 얼굴로 돌아갔다
몇 개의 얼룩이 희미하게 남았을 뿐

—「얼음 시계」 부분

「피와 석유」는 무분별한 석유 시추로 인해 지구의 환경이 파괴되는 현실을 고발하고, 「얼음 시계」는 지구온난화를 알리기 위해 파리 팡테옹 광장에 빙하 조각을 전시했으나 사람들에게 외면당하는 장면을 묘사한다. 두 시에 똑같이 암시되는 것은 현대인의 냉담함이다. 「피와 석유」에서 "뚫고 또 뚫어라!"라는 목소리는 지구를 인간을 위한 돈벌이와 편익의 수단으로 여길 뿐 생명의 터전으로는 이해하지 않는 인간상을 그린다. 더 나아가 시인은 "땅속에서 쉬지 않고 뽑아올리는 이 죽음의 주스를/ 한 번도 마시지 않은 사람이 있을까"라는 반문을 통해 이러한 환경 파괴에 우리들이 모두

연루되어 있다는 사실을 떠올리도록 만든다. 「얼음 시계」 속 아이슬란드에서 가져온 열두 개의 빙하 조각을 사람들은 그저 즐거운 놀잇거리로 여겼다. 그것이 왜 전시되었는지는 묻지 않은 채 말이다. 여기에는 자연물을 진지한 대화나 성찰의 대상으로 여기지 않는 현대인의 단면이 드러난다.

그렇기에 시인은 명료하게 말한다. 사람은 자연의 경고를 들어야 한다. 현대인의 냉담함을 극복하기 위해서 이 시집은 비교적 쉽게 이해할 수 있는 비유와 메시지로 이루어진 듯하다. 「발람의 나귀」에서는 성경 속 위험한 길에 들어선 인간에게 경고하는 나귀를 묘사하고, 「플라스틱 산호초」에서는 미세 플라스틱에 뒤덮인 산호초를 "어쩌면 바다를 애도하기 위해 산호초들이/ 흰 옷을 입고 있는지도 몰라"라며 수의를 입은 모습에 빗댄다. 「파편들」 「물의 국경선」 「물풀 한계선」 등의 작품에서는 직접적으로 지구온난화가 지진과 쓰나미를 더욱 빈번하게 일으키고, 식수를 고갈시키며, 해안선을 변화시킬 것임을 예고한다.

한편 이러한 물음이 뒤따를 수도 있다. 어디서부터, 어떤 방식으로 환경 파괴와 지구온난화를 막을 것인가. 실상 복잡하게 뒤얽혀 있는 사회 안에서 '생태적인' 실천을 행한다는 것은 아주 어려운 일이다. 예컨대 헨리 데이비드 소로는 생태주의의 정전이라고 할 수 있는 『월든』을 집필하여 자연 속에서 자급자족하는 삶을 예찬했지만, 그러한 삶을 지속할 수 있었던 것은 그가 머문 곳이 부유한 후견인의 사유지였기 때문이었다. 채식주의자들은 동물성 기름을 대체하는 식재료로 아보카도를 택하지만, 아보카도의 원산지인 멕시코에서는 농장을 확보하기 위해 동물의 터전을 파괴하고 식수를 고갈시키는 일이 자행된다. 결국 중요한 것은 변화가 아니라 중단이다. 삶을 이어가기 위해서는 새로운 길을 찾는 것이 아니라 삶의 속도를 변화시켜야 한다. 예컨대 "시인은 천천히 걷고 있다"(「시인과 은행」)라거나 "천천히, 천천히 걸어야 한다!"(「평화의 걸음걸이」)에서 암시되는 바가 그것이다. 가능한 실천은 문명의 속도를 늦추는 것이다.

우리의 발견은
물질들의 새로운 연관성을 보여주었을 뿐입니다

우리의 발견은
수십만 명의 과학자가 함께 맞추며 찾아가는
거대한 퍼즐 속의 일부일 뿐입니다

심지어 시도 사람을 해칠 수 있어요

슈테판 클라인과 로알드 호프만의 대화를 읽다가
이 문장에 오래 멈춰 있다

헤모글로빈 분자에서 아름다움을 읽어낸 호프만에게

시란 어떤 것이었을까

시와 물질,
또는 시라는 물질에 대해 생각한다

한 편의 시가
폭발물도 독극물도 되지 못하는 세상에서
수많은 시가 태어나도 달라지지 않는 이 세상에서
　　　　　　　　　　　　　—「시와 물질」부분

　표제작인 「시와 물질」에서 신중한 어조로 '시도 사람을 해칠 수 있다'는 가능성과 "수많은 시가 태어나도 달라지지 않는" 세상의 냉담함을 동시에 사색하는 것은 끝내 시인으로서 무엇을 실천해야 하느냐는 물음과 거리가 멀지 않다. 만약 시 또한 사람을 해칠 수 있다면 단어 하나 구사할 때조차 겸손해야 할 것이다. 지나치게 새로운 생각이나 과장된 표현에 이끌리도록 사람들을 호도할 수 있기 때문이다. 그러나 정반대로 시가 세상을 바꿀 수 없다면, 오히려 시인은 자신이 바라는 것보다 더 큰 목소리로 말해야 할 것이다. 그래야만 조금이나마 시인이 지향하는 목표로 사람들이 이끌려 올 것이기 때문이다. 이 두 가지 상반된 가능성 사이에서 『시와 물질』 전반의 시편은 신중한 균형점을 찾는다.
　때론 주저하는 듯한 표현 속에서도 뚜렷하게 표현된 것은 나아가야 할 방향일 것이다. 시인은 인간의 새로운 활로에 대해서 말하는 대신 걸음을 마무리하는 방법에 대해서 말한다.「존엄한 퇴거」는 한 기초생활수급자의 마지막 순간을 아름답게 서술한다. 기초생활수급자 최씨는 퇴거신고를 하고 68년의 삶을 정리했다. 그의 머리맡에는 백만원 남짓한 장례 비용 봉투가 놓여 있었고, 그의 주검을 거두는 이들을 위해 십만원의 봉투와 감사 메모가 남아 있었다. 죽음 이후의 일까지도 빚으로 여기는 것, 타인에게 감사하는 것, 바로 이러한 삶의 자세를 시인은 '존엄함'이라고 말한다.

인류 또한 지구라는 이 행성에서 존엄해질 수 있을까. 충분히 감사하고 충분히 내어줄 수 있을까. 마지막으로 이 시집에서 '대화를 나눈' 수많은 저자 중에서 발 플럼우드를 떠올려본다. 그녀는 너무 빠르게 결혼하는 바람에 청춘을 빼앗겼고, 두 번 이혼을 겪었으며, 두 자식 중 한 아이를 병으로 잃었고 다른 아이는 십대에 살해되는 고통을 겪었다. 그녀는 얼마든지 독해질 수 있었다. 그러나 그는 숲에 머물며 세상을 사랑하는 법을 익혔다.『악어의 눈』에서 그는 악어에게 물려서 강으로 끌려들어가던 급박한 위기와 간신히 목숨을 건지고 도망친 순간을 묘사한다. 그런데 그 뒤에도 그는 악어에게 복수하는 대신 악어의 눈으로 보면 자신이 '먹이'인 것이 당연하다고 말했다. 사후에도 그는 모든 것을 내어주었다. 시신은 그가 사랑했던 공원에 묻혔고, 그가 살았던 집은 호주 원주민에게 증여되었다.

세상은 우리에게 무엇을 요구하는가. 모든 생명이 그러하듯, 그것은 순환일 것이다. 우리가 지구상에서 보낸 시간도 생명의 역사에 비한다면 작은 편린에 지나지 않을 것이다. 그러한 깨달음 속에서 시인은 "거기 남아 있어라,/ 부끄러운 마음 한 조각"(「강물이 요구하는 것」)이라고 말할 수 있다. 이는 마지막 순간 우리가 행하게 될 증여에 대한 잠언이기도 하다. 세상에 무엇을 건넬 것인가. 이 질문에 대한 응답으로, 나희덕 시인이 그리는 삶의 자세는 인간을 포기하거나 인간을 비판하는 것이 아니라 인간을 넓히고 인간 그 이상으로 다시 그리는 일에 가깝다. 시인이 '마음 한 조각'을 버리고 얻는 것은 다시 타자를 받아들일 수 있는 열림이다. 인간은 인간이 아닌 존재를 향해 자기 마음까지 증여할 수 있는가. 이러한 물음에 자신을 내던질 때 비로소 인간은 인간 그 이상일 수 있을 것이다.

나희덕 1989년 중앙일보 신춘문예로 등단했다. 시집 『뿌리에게』 『그 말이 잎을 물들였다』 『그곳이 멀지 않다』 『어두워진다는 것』 『사라진 손바닥』 『야생사과』 『말들이 돌아오는 시간』 『파일명 서정시』 『가능주의자』, 시론집 『보랏빛은 어디에서 오는가』 『한 접시의 시』 『문명의 바깥으로』, 산문집 『반통의 물』 『저 불빛들을 기억해』 『한 걸음씩 걸어서 거기 도착하려네』 『예술의 주름들』 등이 있다. 서울과학기술대학교 문예창작학과 교수로 재직중이다.

문학동네시인선 229
시와 물질
ⓒ 나희덕 2025

1판 1쇄 2025년 4월 3일
1판 3쇄 2025년 5월 9일

지은이 | 나희덕
책임편집 | 이재현 편집 | 강윤정
디자인 | 수류산방(樹流山房) 본문 디자인 | 이주영
저작권 | 박지영 형소진 오서영
마케팅 | 정민호 서지화 한민아 이민경 왕지경 정유진 정경주 김수인 김혜원
       김예진 나현후 이서진
브랜딩 | 함유지 박민재 이송이 김희숙 박다솔 조다현 김하연 이준희
제작 | 강신은 김동욱 이순호 제작처 | 영신사

펴낸곳 | (주)문학동네
펴낸이 | 김소영
출판등록 | 1993년 10월 22일 제2003-000045호
주소 | 10881 경기도 파주시 회동길 210
전자우편 | editor@munhak.com
대표전화 | (031) 955-8888 팩스 | (031) 955-8855
문학동네카페 | http://cafe.naver.com/mhdn
인스타그램 | @munhakdongne 트위터 | @munhakdongne
북클럽문학동네 | http://bookclubmunhak.com

ISBN 979-11-416-0184-3 03810

* 이 책의 판권은 지은이와 문학동네에 있습니다. 이 책 내용의 전부 또는 일부를 재사용
  하려면 반드시 양측의 서면 동의를 받아야 합니다.

잘못된 책은 구입하신 서점에서 교환해드립니다.
기타 교환 문의: 031) 955-2661, 3580

www.munhak.com

문학동네